Daniela Olek

LOST und die Zukunft des Fernsehens
Die Veränderung des seriellen Erzählens
im Zeitalter von *Media Convergence*

FILM- UND MEDIENWISSENSCHAFT

Herausgegeben von Irmbert Schenk und Hans Jürgen Wulff

ISSN 1866-3397

8 *Peter Klimczak*
 40 Jahre ‚Planet der Affen'
 Zeitgeist- und Reihenkompatibilität – über Erfolg und Misserfolg von Adaptionen
 ISBN 978-3-89821-977-8

9 *Ingo Lehmann*
 Ziellose Bewegungen und mediale Selbstauflösung
 Das absurde «Genrefilm-Theater» Monte Hellmans
 ISBN 978-3-89821-917-4

10 *Gerd Naumann*
 Der Filmkomponist Peter Thomas
 Von Edgar Wallace und Jerry Cotton zur Raumpatrouille Orion
 ISBN 978-3-8382-0003-3

11 *Anja-Magali Bitter*
 Die Inszenierung des Realen
 Entwicklung und Perzeption des neueren französischen Dokumentarfilms
 ISBN 978-3-8382-0066-8

12 *Martin Hennig*
 Warum die Welt Superman nicht braucht
 Die Konzeption des Superhelden und ihre Funktion für den Gesellschaftsentwurf in US-amerikanischen Filmproduktionen
 ISBN 978-3-8382-0046-0

13 *Esther Lulaj*
 Nimm (nicht) ab!
 Zur Funktion des Telefons im Spielfilm – Von Metropolis bis Matrix
 ISBN 978-3-8382-0125-2

14 *Boris Rozanski*
 Das ungleiche Liebespaar in der 'Screwball Comedy'
 Paarbildung und Selbstfindung von Frank Capras *It Happened One Night* bis zu Jonathan Demmes *Something Wild*
 ISBN 978-3-8382-0145-0

15 *Carolin Lano*
 Die Inszenierung des Verdachts
 Überlegungen zu den Funktionen von TV-mockumentaries
 ISBN 978-3-8382-0214-3

16 *Christine Piepiorka*
 Lost in Narration
 Narrativ komplexe Serienformate in einem transmedialen Umfeld
 ISBN 978-3-8382-0181-8

Daniela Olek

LOST
UND DIE ZUKUNFT DES FERNSEHENS

Die Veränderung des seriellen Erzählens
im Zeitalter von *Media Convergence*

Bibliografische Information der Deutschen Nationalbibliothek
Die Deutsche Nationalbibliothek verzeichnet diese Publikation in der
Deutschen Nationalbibliografie; detaillierte bibliografische Daten sind im
Internet über http://dnb.d-nb.de abrufbar.

Bibliographic information published by the Deutsche Nationalbibliothek
Die Deutsche Nationalbibliothek lists this publication in the Deutsche Nationalbibliografie;
detailed bibliographic data are available in the Internet at http://dnb.d-nb.de.

Coverabbildung: Photo Deluxe, Fotografin: Jennifer Bunk-Walczak, Josef-Franke-Weg 1, 45966 Gladbeck,
Kontakt: info@photo-deluxe.de. Abdruck mit freundlicher Genehmigung.

∞

Gedruckt auf alterungsbeständigem, säurefreien Papier
Printed on acid-free paper

ISSN: 1866-3397

ISBN-13: 978-3-8382-0174-0

© *ibidem*-Verlag
Stuttgart 2011

Alle Rechte vorbehalten

Das Werk einschließlich aller seiner Teile ist urheberrechtlich geschützt. Jede Verwertung
außerhalb der engen Grenzen des Urheberrechtsgesetzes ist ohne Zustimmung des Verlages
unzulässig und strafbar. Dies gilt insbesondere für Vervielfältigungen,
Übersetzungen, Mikroverfilmungen und elektronische Speicherformen sowie die
Einspeicherung und Verarbeitung in elektronischen Systemen.

All rights reserved. No part of this publication may be reproduced, stored in or introduced into a retrieval
system, or transmitted, in any form, or by any means (electronic, mechanical, photocopying, recording or
otherwise) without the prior written permission of the publisher. Any person who does any unauthorized act
in relation to this publication may be liable to criminal prosecution and civil claims for damages.

Printed in Germany

Inhaltsverzeichnis

1. »Namaste« - die Einleitung _____ 9

2. »Orientation« - Kontexte der Analyse _____ 13
   2.1. Serielles Erzählen _____ 13
   2.2. Media Convergence _____ 16

3. »The Shape of Things to Come« – der Hypertext als Analysefolie _____ 19
   3.1. Das Hypertext-Konzept _____ 19
   3.2. Erzählen im Hypertext _____ 29

4. »Whatever the Case May Be« – Hypertextuelle Strukturen in LOST _____ 35
   4.1. »... And Found« – Nonlinearität in LOST _____ 35
      4.1.1. Nonlinearität innerhalb des Serientextes 37
         4.1.1.1. Gleichzeitigkeit – das Spiel mit dem Raum? _____ 41
         4.1.1.2. Tempus fugit – das Spiel mit der Zeit! _____ 46
      4.1.2. LOST als transmediale Erzählung 50
   4.2. »Follow the ... White Rabbit« – Verlinkungen in LOST _____ 61
      4.2.1. Das Netzwerk entsteht – Intratextuelle Links 62
      4.2.2. Das Netzerk wird ausgebaut – Intertextuelle Links 71
   4.3. »The Variable« – Oder: »The People Formerly Know As The Audience« _ 79
      4.3.1. Das fragmentierte Publikum oder: der Tod der Couch Potato! 80
      4.3.2. Der LOST-Zuschauer oder: der ›fanish viewer‹? 84
         4.3.2.1. Die kognitiv (inter-)aktiven Rezipienten _____ 85
         4.3.2.2. Detektive und Experten _____ 88
         4.3.2.3. Ein Netzwerk voller Detektive und Experten _____ 90
         4.3.2.4. Co-Autoren als Prosumer _____ 92

5. »Left Behind« –LOST und die Zukunft des Fernsehens _____ 97

6. »The Beginning of the End« – Schlussbetrachtungen _____ 103

7. Anhang _____ 105
   7.1. Inhalt relevanter Beispielepisoden _____ 105
   7.2. Quellenverzeichnis _____ 106
      7.2.1. Literaturangaben 106
      7.2.2. Internetquellen 112
      7.2.3. Bildquellen 114
   7.3. Filmographie _____ 115

Abbildungsverzeichnis

Abbildung 1: Lineare Konstruktion der Module im Vergleich zur nonlinearen ____20

Abbildung 2: Vernetzungsprinzip im Hypertext mit Lesepfad ____23

Abbildung 3: Handlungsaufbau »White Rabbit« ____39

Abbildung 4: Parallele Plot-Entwicklung von »Through the Looking Glass« ____43

Abbildung 5: Visualisierte Synchronisierung des Flugzeugabsturzes ____45

Abbildung 6: Vergleichende Darstellung der Pilotfolge und der *Mobisode* 13 ____56

Abbildung 7: Transmediale Erweiterung von LOST ____60

Abbildung 8: Collage des Verknüpfungselements ›Flugzeug‹ ____64

Abbildung 9: ›Zufällige‹ Begegnung - Jack und Shannon ____64

Abbildung 10: Transmediale Erweiterung anhand des Verknüpfungselements »Black Rock« ____66

Abbildung 11: Sayid im Fernsehen ____67

Abbildung 12: »DHARMA«-Logo »The Swan« ____68

Abbildung 13: Jules Vernes' LE CHANCELLOR ____73

Abbildung 14: »DHARMA«-Logo der »Looking Glass«-Station ____76

Abbildung 15: Tenniell Illustration ____77

1. »Namaste« - die Einleitung[1]

In einem Artikel des *Time Magazine* wird die Serie LOST (USA 2004-10[2], ABC) 2006 als »*TV for the post-TV generation*« (Poniewozik) bezeichnet. Die Frage, die sich aufgrund dessen stellt, ist, warum sie so bezeichnet wird: was unterscheidet sie von ›gewöhnlichen‹ TV-Programmen, dass sie als zukunftsweisend für das Fernsehen betrachtet wird (ebd.)? Generell kann der Begriff *post-TV* als Schlagwort für die gegenwärtige Medienlandschaft betrachtet werden, die von Konvergenzprozessen zwischen drei Kommunikationstechnologien – Computer, Fernsehen und Telefon – entscheidend geprägt ist (vgl. Bolter/Grusin 2000, 224). Aus dieser Annäherung sind neue Unterhaltungsangebote entstanden, die um die Aufmerksamkeit der Menschen buhlen. Das Fernsehen, das lange Zeit als populärstes Unterhaltungsmedium galt, hat infolgedessen eine Vielzahl an Konkurrenten bekommen, die unter anderem dessen elementare ›MonitorFunktion‹ (vgl. ebd., 188) übernehmen – man denke an das YouTube Motto »Broadcast Yourself! « – und so die Institution ›Fernsehen‹ in seiner bisherigen Existenz bedrohen. In diesem Umfeld ist inzwischen eine digital bewanderte Generation herangewachsen, die zunehmend Teil der werberelevanten Zielgruppe ist und der nachgesagt wird, dass sie vom Fernsehen gelangweilt sei und sich von diesem abwenden würde – die *post-TV generation*. Diese Hypothese in Verbindung mit den vorhandenen Quotenrückgängen, die einen Einnahmeeinbruch nach sich ziehen, hat die Sender gezwungen, die veränderten medialen Rahmenbedingungen und vor allem die Zuschauer, die in ihrem bisherigen Geschäftsmodell eine passiv-homogene Einheit bilden und so an die Werbeindustrie ›verkauft‹ werden, wahrzunehmen. Da Konvergenzprozesse im Sinne Bolter und Grusins nicht als einseitige ›Ausbeutung‹ bestehender Medien durch die neuen zu betrachten sind, sondern als Modifikation dieser durch innovative Impulse gesehen wird, entwickelt sich das Fernsehen durch die Konstruktion neuer Formate weiter. Auch Fernsehserien sind von diesen umwälzenden Prozessen der letzten Jahre betroffen. Während konventionelle Erzählformen weiterhin einen Großteil des Programms ausmachen, haben die

---

[1] Alle Kapitelüberschriften dieser Studie sind zugleich Episodentitel von Lost und sollen so den Gegenstand in der Struktur reflektieren. »Namaste« ist der Titel der achten Episode der fünften Staffel und bedeutet ›Willkommen‹; eine hinduistische Grußformel verwendet von der »DHARMAInitiative«, einer fiktiven Institution in LOST (vgl. Kap. 4.1.2.). In dieser Analyse wird die Proklamation von Staffel und Episode in dieser verkürzten Form dargestellt: 5.08.

[2] Diese Studie wurde 2009 erstellt und untersucht die Serie LOST einschließlich der bis dahin in den USA ausgestrahlten fünften Staffel.

Erfolge von HBO seit Mitte der neunziger Jahre dazu geführt, dass die großen *Networks* in diesem Jahrzehnt risikobereiter bei der Entwicklung neuer Serien sind; weshalb Jason Mittell (2006, 29) die letzten zwanzig Jahre als Ära narrativer Experimente und Innovationen in die Fernsehgeschichte eingehen sieht.

Die vorliegende Studie geht von der Prämisse aus, dass sich Medien und infolgedessen ihre jeweiligen ästhetischen Formen intermedial[3] beeinflussen und dass die postulierten Innovationen Mittells unter anderem auf die Einflüsse neuer Medien zurückzuführen sind. Stützen lässt sich diese These mit Marie-Laure Ryans (2004, 356) Beobachtung, dass neue Medien die Weiterentwicklung bestehender Erzählformen bewirken: Serien können komplexer erzählt werden, weil digitale Aufnahmetechnologien das wiederholte Ansehen ermöglichen und das Internet als Distributions- und Kommunikationsplattform fungiert, so dass die einzelnen Episoden jederzeit zugänglich sind. Des Weiteren ist mit dem Internet ein vollkommen neues Textkonzept[4], der Hypertext, in Erscheinung getreten, das wiederum eine differente Erzählform, die Hypernarration, präsentiert, die geprägt ist von nonlinearen Textfragmenten, die untereinander verknüpft sind, und sich so netzwerkartig entfaltet. Im Sinne des intermedialen Ansatzes kann abgeleitet werden, dass das audiovisuelle Erzählen im Fernsehen durch die Computertechnologien und das Internet beeinflusst und verändert wird, welches anhand der einzelnen Produktionen sichtbar gemacht werden kann. Ziel dieser Analyse ist es, die ästhetische Transformation seriellen Erzählens durch den in-

---

[3] Der Forschungszweig der Intermedialität beschäftigt sich mit medialen Phänomenen, die die Grenze zwischen mindestens zwei Medien überschreiten. Ähnlich problematisch wie die Mediendefinition ist es schwierig die vielfältigen Aspekte zu einer einheitlichen Definition zusammenzufassen, weshalb Intermedialität auch als ein Hypernom für dieses Feld gilt und in verschiedene Gegenstandsbereiche unterteilt wird (vgl. Rajewski 2002, 6ff.). In dieser Anhandlung bezieht sich der Terminus ›intermedial‹ auf die gegenseitige Beeinflussung distinkter Medien (medialer Vermittlungsformen), die sich anhand der jeweils entstehenden Texte ablesen lässt (vgl. Kap. 2). Neben Irina Rajewskis einführendem Band bieten Paech und Schröter (2008) eine vertiefende Perspektive, während Wolf (2002) den Versuch einer intermedialen Narrations-Definition unternimmt.

[4] Der in der vorliegenden Studie verwendete Textbegriff bezieht sich auf eine medienunabhängige Definition, insofern Texte Entitäten aus sprachlichen und nichtsprachlichen Zeichen sind, die zu einem übergeordneten Thema oder als semantische Gesamtheit zusammengefasst und durch Kohäsion und Kohärenz miteinander verbunden sind (Schanze 2002, 650f.). Infolgedessen wird LOST, d.h. die Serie, hier als Kern-, Primär- oder auch Ursprungstext bezeichnet, und ihre jeweiligen Extensionen in anderen Medien als Texte betrachtet, die sich durch die Ablösung von ihren Trägermedien in unterschiedlichen Medien manifestieren können. Darüber hinaus muss betont werden, dass eine transmediale Erzählung generell eines einheitlichen und medienunabhängigen Textbegriffs bedarf, da sich alle Fragmente zu einem Gesamttext subsumieren lassen.

termedialen Einfluss des Internets und seinen Erzählformen anhand der Serie LOST sichtbar zu machen. Diese Beschränkung auf das Internet schließt zugleich die Perspektive der *Games Studies* aus, deren Gegenstand, das Computer-/Videospiel, ebenfalls als ein neues Medium bestehende Erzählformen beeinflusst.

LOST als exemplarisches Beispiel für die Veränderung des seriellen Erzählens zu wählen, begründet sich zum einen darin, dass diese Serie zusammen mit 24 (USA 2001-10, FOX) eine der ersten ist, in der vollkommen auf die episodische Struktur verzichtet wird, und zum anderen in ihrer fragmentarischen, nonlinearen Organisation, die in diesem Ausmaß im Fernsehen noch nicht da gewesen ist. Hinzukommen eine Fülle an Details sowie unzählige intertextuelle Verweise, die LOST zu einer ›herausragenden Serie der *convergence*-Ära‹ machen. Als eine der ersten, die *online* vertrieben und weitererzählt wurden, gilt LOST darüber hinaus als »›test case for the marriage between new technology and creative content‹« (Fernandez 2006 zit. n. Ross 2008, 199) und zeigt wie ein eigentlich geschlossenes Textsystem, die Fernsehserie, durch die Einbettung in einen Medienverbund, in Form von Internet, DVD und Videospiel, geöffnet wird und den Zuschauer in die narrative Welt einbezieht. Vom heutigen Standpunkt ist LOST ein außergewöhnliches Beispiel, aber an ihr lässt sich die Adaption neuer Erzählformen, die in eine differente Medialität eingepasst werden, dokumentieren und infolgedessen, wie das Fernsehen der Zukunft, der *(post-)TV generation*, aussehen könnte.

Demnach wird in der vorliegende Studie die These vertreten, dass das strukturelle Konzept von LOST als Ergebnis intermedialer Einflüsse einem Hypertext entspricht und wird dieses auf zwei Ebenen, der strukturellen und der rezeptiven, sichtbar machen, wobei der Schwerpunkt auf der Struktur liegen wird. Infolgedessen ist die zentrale Fragestellung, wie auf der Basis des Hypertext-Konzeptes Informationen in LOST organisiert und verbunden werden, so dass dem Zuschauer multiple Bedeutungsebenen präsentiert werden. Eine derartige textuelle Gestaltung basiert in einem wirtschaftlich ausgerichteten Fernsehsender auf spezifischen Rezipienten-Konzepten, da vorausgesetzt werden muss, dass mediale Produkte, wie eine Fernsehserie, nicht am Markt vorbei produziert werden. Im anschließenden Kapitel werden die terminologischen Aspekte ausgearbeitet, die als Basis für diese Studie anzusehen sind: erst wird der Frage nachgegangen, was unter seriellem Erzählen verstanden wird und welche historischen Entwicklungen dieses im Medium Fernsehen vollzogen hat, um anschließend die gegenwärtigen technologischen, kulturellen und ökonomischen Veränderungen, die unter dem Begriff ›*media convergence*‹ zusammengefasst werden, kurz vorzustellen. Der englische Terminus wird in der vorliegenden Analyse insofern präferiert, als dass der Konvergenz-Begriff im deutschsprachigen Wissenschaftsraum eng mit den technologischen Aspekten und deren Auswirkungen auf die Medienregulierung verknüpft ist, welches eher einer publizistischen, statt einer kulturwissenschaftlichen Ausrichtung entspricht. Im darauf folgenden Kapitel werden das Hypertext-Konzept und das darauf basierende Erzählmodell ›Hyperfiktion‹ expliziert. Um sich diesem Themenkomplex nicht nur einseitig zu nähern und der großen Nähe unterschiedlicher Disziplinen bezüglich dieser Thematik gerecht zu werden, wurde ein interdisziplinärer Zugang gewählt, indem der Gegenstand aus einer literaturwissenschaftlich-linguistischen in Verbindung mit einer medientheoretischen Perspektive analysiert wird. Dieser Konzeptualisierung werden unter anderem Texte von Jay D. Bolter, George P. Landow und Marie-Laure Ryan zugrunde gelegt. Die daraus gewonnenen Erkenntnisse bilden das Schema für die folgende Analyse des LOST-Serientextes. Unterteilt in die Hypertext-Charakteristika ›Nonlinearität, Verknüpfungen und aktiver Rezipient‹ werden in dem anschließenden Hauptkapitel anhand exemplarischer Szenen und Episoden[5] untersucht, inwieweit die textuelle Struktur, die fragmentarisiert und nonlinear organisiert ist, durch Verknüpfungen miteinander organisiert ist, das heißt, wie sich das netzwerkartige Konstrukt aus intra- und transmedialen Strukturen sowie intra- und intertextuellen Verbindungen entfaltet. Wie bereits erwähnt muss einer derartigen textuellen Konstruktion ein gewisse/s Rezipienten-Konzept/e[6] zugrunde gelegt werden, welches unter Einbeziehung des aktuellen Diskurses nachfolgend anhand der Fragen, wie die LOST-Zuschauer mit dieser nonlinearen, transmedialen Organisation umgehen und inwieweit diese Verlinkungen von ihnen wahrgenommen werden können, fokussiert wird. Um die Ergebnisse nicht unreflektiert zu lassen, soll in einem abschließenden Kapitel angedacht werden, welche Veränderungen sich für das Fernsehen von einer derartigen Serienkonzeptualisierung ablesen lassen.

---

[5] Eine inhaltliche Zusammenfassung der Beispielepisoden findet sich im Anhang dieses Buches (Kap. 7.2).
[6] Auch wenn momentan ein sehr umfassender Diskurs über die Veränderungen der/s Zuschauerkonzepte/s und deren/dessen Bezeichnung geführt wird, soll in der strukturellen Analyse (Kapitel 4.1. und 4.2.) der Einfachheit halber der Zuschauerbegriff in geschlechtsneutraler Form, synonym zum Rezipienten, angewendet werden. In Kapitel 4.3. wird sich anschließend mit dieser Problematik auseinandergesetzt und es werden verschiedene Ansätze diskutiert.

2. »Orientation« - Kontexte der Analyse[7]

Der Titel dieser Studie wirft durch seine Wortwahl Fragen auf, die vor der Analyse einer kurzen Präzisierung verlangen. Das Ziel, Veränderungen zu problematisieren, bedarf der vorhandenen Positionen, von denen Differenzen abgeleitet werden können. In diesem Kapitel soll zunächst erläutert werden, worauf sich der Ausdruck ›serielles Erzählen‹ bezieht, welche Formen favorisiert werden und wie es sich in den letzten Jahren entwickelt hat. Da Entwicklungen generell nicht unmotiviert sind, sondern immer in Abhängigkeit zum Umfeld gesehen werden müssen, werden anschließend unter dem Terminus *media convergence* die Veränderungen der Medienwelt betrachtet, das heißt: auf welchen technologischen, ökonomischen und kulturellen Faktoren basieren die Veränderungen des seriellen Erzählens[8].

2.1. Serielles Erzählen

In der vorliegenden Studie bezieht sich der Begriff ›serielles Erzählen‹ auf die narrative Form der Fernsehserie, die ein auf Fortsetzung konzipiertes und produziertes TV-Format ist. Laut Hickethier (1991, 17) ist das serielle Erzählen keine Erfindung des Fernsehens, auch wenn es diesem immanent zu sein scheint[9], sondern findet sich im Radio, dem Comic, dem Theater, der Literatur, z.B. Homers rhapsodische Gesänge oder Sheherazadens Märchen von 1001 Nacht und ist inzwischen auch vom Film übernommen worden (vgl. 2007, 163):

---

[7] Episode drei, Staffel zwei (2.03)
[8] Die Fragen, die in diesem Kapitel aufgeworfen werden, bieten ein immenses Potenzial für eigenständige Ausarbeitungen, sollen in ihrer Eigenschaft als Grundlage der Analyse hier kurz skizziert werden. Tiefgreifendere Darstellungen finden sich in der zitierten Literatur: serielles Erzählen u. a. bei Allrath et. al. (2005), Hickethier (1991), Kozloff (1987), Mittel (2006, 2007, 2010); *(media) convergence* bei Jenkins (2006a), der Zeitschrift CONVERGENCE, die einen sehr detaillierten Überblick über die divergenten Phänomene und Veränderungen, die die heutige Medienlandschaft auszeichnen, bietet.
[9] Das Fernsehen ist nicht nur in seinen Erzählformen seriell, sondern auch hinsichtlich seines Programms. Diese externe Serialität bezieht sich auf die wiederkehrenden Sendungen und Formate auf den gleichen Programmplätzen, wodurch ein so genannter *flow* entsteht. Das serielle Prinzip soll dem stetigen Bedürfnis des Zuschauers nach Unterhaltung und Information entgegenkommen (vgl. Hickethier 1991, 11f.) und fungiert als Strategie der Zuschauerbindung (vgl. Ndalianis 2005, 87).

Das Erzählen in Fortsetzungen oder auch in wiederkehrenden Episoden kommt offenbar einem Grundbedürfnis menschlicher Unterhaltung nach und hat in der Fernsehserie nur ihre TV-bezogene massenmediale Form gefunden (Hickethier 17f.). Eco (2002, 159f.) zufolge zeichnet sich eine Serie, die er ebenfalls nicht auf das Fernsehen beschränkt, durch die »Wiederholung des Immergleichen« (ebd. 160) aus, eine Wiederholung konstanter narrativer Schemata mit den gleichen Charakteren[10], Techniken, Redewesen und Lösungen, die infolgedessen immer neuartige Episoden hervorbringen. Insbesondere im Vergleich zum Film und zu einem Gros der Literatur besteht ein entscheidender Unterschied zwischen der Fernsehserie und anderen Narrationen, insofern letztere grundsätzlich abgeschlossen sind[11] und die Fernsehserie zu einer fortlaufenden Erzählweise tendiert (vgl. Allrath et. al. 2005, 3; Mittell 2007, 163). Prinzipiell sind Serien »designed to run virtually forever« (Allrath et. al. 2005, 23); die narrative Unabgeschlossenheit, die nicht mit einer textuellen Offenheit verwechselt werden darf, ist relativ zu dem jeweiligen Serientypus[12] und der zu überbrückenden Pause[13].

Großen Einfluss auf das serielle Erzählen im Fernsehen hat die Institution an sich, deren Eigenschaften sich auf die Struktur von Serien auswirken. Serien müssen, noch restriktiver als der Film, in einen vorgegebenen Zeitplan eingefügt werden: für die einzelnen Episoden steht ein Programm*slot* von 30 oder 60 Minuten zur Verfügung, allerdings beträgt die Nettozeit für die Narration bei *Network*-Serien lediglich um die 22 oder 45 Minuten, da auch die Werbeblöcke in den *Slot* gehören. Dadurch hat sich

---

[10] Ausnahmen bilden die so genannten Anthologie-Serien, die unter einem bestimmten Thema in jeder Folge einen neuen *Cast* haben.

[11] Wie im Absatz zuvor erwähnt gibt es auch innerhalb dieser erzählerischen Werke Tendenzen zu einer Serialität, das heißt, dass die Narration über mehrere Teile fortgeführt wird (vgl. Mittell 2007, 163), als Beispiele seien die HARRY POTTER-Reihe (USA 2001-, Chris Columbus et. al.) oder die MATRIX-Filme (USA 1999-2003, Andy & Larry Wachowski) genannt.

[12] Es gibt zwei Grundtypen des seriellen Erzählens: Serien mit abgeschlossener Handlung in jeder Episode, die so genannten *series*, und Serien mit fortlaufenden Handlungssträngen, die *serials*. Die Episoden der *series* sind sich narrativ sehr ähnlich und bedürfen keiner Vorkenntnisse, um verstanden zu werden, so dass der Zuschauer nicht jede Folge oder diese in einer bestimmten Reihenfolge sehen muss; typische Beispiele sind Krimiserien oder *Sitcoms*. Demgegenüber sollen die fortlaufenden Handlungsbögen der *serials* den Zuschauer animieren, die umgebende Erzählwelt zu konstruieren und führen so zu einer höheren Zuschauerbindung; typisches Beispiel ist die *Soap* (vgl. Allrath et. al. 2005, 5f.; Mittell 2007, 163f.; Mittell 2010, 228f.; Weber/ Junkelwitz 2008, 19ff.).

[13] Die Offenheit ist demnach umso größer am Ende einer Staffel, als am Ende einer Episode, um so die Spannung bis zum Fortlaufen der Serie möglichst aufrecht zu halten und so viele Zuschauer wie möglich nach Pause wieder zu bekommen (vgl. Allrath et. al. 2005, 23).

eine spezifische Dramaturgie entwickelt, insofern die *Plots* von den Werbeunterbrechungen strukturiert werden und Spannungsmomente nach ihnen ausgerichtet werden (vgl. Mittell 2007, 165). Die stringente Aufteilung in vier Akte ist durch das werbefreie *Pay*-TV wie HBO aufgeweicht worden. Auch wenn das Fernsehen heutzutage als *producer's medium*[14] gilt, da die Produzenten und Kreativkräfte eine größere Kontrolle über ihr Werk haben können (vgl. ebd. 2006, 30f.), ist der Eingriff der Sender zugunsten der Quoten immer noch groß (vgl. ebd., 2007, 165). Weiteren Einfluss auf das serielle Erzählen nehmen die konventionalisierten Genrekennzeichen, deren Verstoß bewusst eingesetzt wird, um die Aufmerksamkeit des Rezipienten nicht fehlzuleiten (vgl. ebd.)

Gegenwärtig gibt es überwiegend ›hybride‹ Serienformen im Fernsehen: Serien, die eine Kombination aus *serial*- und *series*-Elementen sind und die nach Allrath et. al. (2005, 5f.; vgl. auch Mittell 2007, 165) anhand ihrer Kontinuität, die mit der Anzahl fortgesetzter Elemente zunimmt, bestimmt werden können[15]. Je offener die fortlaufenden Handlungsbögen sowie die Elemente sind und je größerer ihre Anzahl, desto komplexer sind sie erzählt. Laut Jason Mittell haben narrativ komplexe Serien wie DESPERATE HOUSEWIVES (USA 2004-, ABC) oder VERONICA MARS (USA 2004-07, UPN), die parallel zu weitestgehend konventionellen Serien ausgestrahlt werden (vgl. ebd. 2006, 29), keine einheitlichen Kennzeichen und es gibt sie in den unterschiedlichsten Genre (ebd., 32f.). Diese Fernsehserien, zu denen auch LOST zählt, scheinen ›wahre Kinder ihrer Zeit‹ zu sein. Allrath et. al. ordnet sie aufgrund ihrer Tendenz zu Diskontinuität und Fragmentisierung einer gegenwärtigen kulturellen Entwicklung[16] zu (vgl. ebd. 4; vgl. auch Ndalianis 2005, 86).

---

[14] Serien sind weniger Werke einzelner Autoren, sondern eher das Gemeinschaftsprodukt der Autoren, Regisseure, Kameraleute etc., doch die Serienschöpfer und/oder Produzenten, wie J. J. Abrams (ALIAS 2001-06, LOST 2004-10, FRINGE 2008-, ABC) oder Joss Whedon (BUFFY 1997-2003, ANGEL 1999-2005, FIREFLY 2005), sind dem Publikum in der Regel als *show runner* bekannt (vgl. Allrath et. al. 2005, 7).
[15] Die Autorinnen sprechen sich strikt gegen eine duale Einteilung von Serien in *series* und *serials* aus und Ersetzen diese durch eine Skala, an deren gegenüberliegenden Enden sich jeweils beide Formen wiederfinden (vgl. ebd. 2005, 6). Weber/Junklewitz modifizieren dieses Konzept anhand der Anzahl der vom Zuschauer zu sehenden Folgen, um der übergreifenden Handlung folgen zu können. Dies differenzieren sie in die messbaren Faktoren ›Fortsetzungsreichweite‹, die die Distanz eines fortlaufenden Handlungsbogens ablesen lässt, und ›Fortsetzungsdichte‹, die das quantitative Verhältnis zwischen fortgesetzten und abgeschlossenen Folgen innerhalb einer Serie ausdrückt (vgl. ebd., 23f.).
[16] Allrath et. al. beziehen sich mit dieser Aussage auf den britischen Theater- und Fernsehwissenschaftler Robin Nelson, der bereits 1997 in seinem Buch »TV Drama in Transition« auf diese

2.2. Media Convergence

Diese tendenzielle Diskontinuität und Fragmentarisierung hinsichtlich der ästhetischen Gestaltung kann als das Ergebnis von ökonomischen und technologischen Konvergenzprozessen betrachtet werden. In dieser Analyse wird jedoch statt des deutschen Medien-Konvergenzbegriffs der englische Terminus ›*(media) convergence*‹ verwendet. Grund ist die enge Fokussierung auf das durch die Digitalisierung hervorgerufene technologische Zusammenwachsen divergenter Einzelmedien und Informations- und Kommunikationstechnologien sowie deren Regulierungspotenzial im deutschsprachigen Raum. Diese eingeengte Perspektive führt laut Henry Jenkins (2006a, 3) zu einer Nichtwahrnehmung der aus der Digitalisierung resultierenden kulturellen und sozialen Veränderungen, die für das Analyseziel dieser Studie relevant sind. *Convergence* ist in diesem Sinne definiert als:

> [a] word that describes technological, industrial, cultural and social changes in the ways media circulates within our culture. Some common ideas referenced by the term include the flow of content across multiple media platforms, the cooperation between multiple media industries, the search for new structures of media financing that fall at the interstices between old and new media, and the migratory behavior of media audiences who would go almost anywhere in search of the kind of entertainment experiences they want. Perhaps most broadly, media convergence refers to a situation in which multiple media systems coexist and where media content flows fluidly across them. Convergence is understood here as an ongoing process or series of intersections between different media systems, not a fixed relationship (Jenkins 2006a, 282).

Anhand dieser Definition lässt sich die Problematik sehr gut ablesen: da es sich um einen sehr komplexen unabgeschlossenen Prozess handelt, sind dessen Auswirkungen in den unterschiedlichsten Bereichen zu spüren und noch nicht vollständig absehbar. Darüber hinaus ist dieser Prozess von einer Bilateralität geprägt. Zum einen wird er als „top-down corporate-driven" (Jenkins/Deuze 2008, 6) bezeichnet wird, insofern Medienunternehmen danach streben, die verschiedensten Mediensparten in einem Konglomerat zu konzentrieren und ihre Marken und Werke über alle vorhandenen Kanäle selbst zu verbreiten. Zum anderen wird er ebenfalls als „bottom-up consumer-driven" (ebd.) tituliert, da die heutigen ›Konsumenten‹[17] die Möglichkeiten haben, selbst auf die Medien zuzugreifen, um ihre Geschichten, Argumente und In-

---

Veränderungen hinwies und diese Form des seriellen Erzählens als *flexi-narratives* bezeichnet (vgl. ebd., 24).

[17] Für die momentanen Erläuterungen ist der Konsumenten-Begriff ausreichend, steht aber deshalb in Anführungsstrichen, weil er im Verlauf dieser Studie anhand des Analysegegenstandes diskutiert wird (vgl. Kap. 4.3)

formationen zu verbreiten (vgl. ebd.). Diese veränderte Kommunikationsinfrastruktur wird oftmals in einen Zusammenhang mit einer Macht- oder Kontrollverschiebung zugunsten der Rezipienten gesetzt (vgl. ebd.). Technologisch betrachtet hat die Digitalisierung der Medienwelt die Produktionsbedingungen durch veränderte Aufnahmebedingungen, ebenso wie die Rezeptionsbedingungen[18] durch veränderte Empfangsmöglichkeiten gewandelt – eine größere Auswahl an Sendern, Festplattenrekorder, Online-Videos nach der Fernsehausstrahlung, DVD etc. ermöglichen dem Zuschauer eine größere Programmvielfalt und die Rezeptionshoheit abseits vom festen Programmschema (Allrath et. al. 2005, 8; Mittell 2006, 30f.). Die digitalen Produktionen sind auf der technischen Ebene nicht mehr zu unterscheiden, das heißt, es gibt keine Magnetbänder und Signale sowie kein Zelluloid mehr, sondern nur noch Daten, die auf unterschiedlichen Trägern, wie DVD, CD, MP3-Player, USB-Sticks, gespeichert werden oder im Internet abrufbar sind. Dies hat eine Abtrennung von den Trägermedien zur Folge, welches die zeitsouveräne Rezeption begünstigt (vgl. Hickethier 2008, 456). Durch die Vielfalt der unterschiedlichen Geräte, die zum Empfang verwendet werden können, lässt sich schlussfolgern, dass die Digitalisierung zwar ökonomisch gesehen zu einer Konzentration auf dem Mediensektor führen kann, aber in anderen Bereichen Divergenzen nach sich zieht. Zum Beispiel bedarf der Rezipient nicht nur eines Gerätes, der viel beschworenen »black box« (Jenkins 2006a, 15), um auf die diversen medialen Werke[19] zuzugreifen, sondern oftmals vieler verschiedener (vgl. ebd.). Jedoch fungiert der Computer in Kombination mit dem Internet in diesem Rahmen als »zentraler Konvergenzraum« (Reichert 2008, 11), da es die bestehenden Medien simuliert und ein Großteil der medialen Kommunikation im Internet stattfindet. Auch werden Wissen und Erfahrungen infolgedessen vollkommen anders organisiert: Online-Enzyklopädien wie WIKIPEDIA speichern Informationen nach den Präferenzen der Nutzer, die an den Lemmata mitschreiben können; diverse Blogs, Foren und soziale Netzwerke dienen als Plattformen für das Transkribieren der Erlebnisse, der Selbst-

---

[18] Auf die veränderten Formen von Rezeptionsverhalten und -gewohnheiten wird an dieser Stelle lediglich hingewiesen. In Kapitel 4.3. wird am Beispiel der Serie LOST eine Diskussion über diese Thematik geführt und unterschiedliche Positionen dargestellt.
[19] In der vorliegenden Studie wird weitestgehend auf den im angloamerikanischen Raum populären *content*-Begriff verzichtet, der die medial-ästhetischen Werke auf ihre Distributionseigenschaft als zu rezipierende Inhalte auf den unterschiedlichen medialen Plattformen degradiert. Es wird weiterhin von Programmen beziehungsweise vordergründig von (medialen/ televisuellen) Texten gesprochen, was der Perspektive dieser Untersuchung entspricht.

darstellung oder der interpersonalen Kommunikation[20]. *Media convergence* bedeutet in sozialer und kultureller Hinsicht, dass sich die Kommunikation grundlegend ändert und auf das Internet ausweitet beziehungsweise die Diskurse sich teilweise dorthin verlagern. Dennoch muss betont werden, dass, obwohl gewisse Technologien obsolet werden, andere bestehen bleiben. Das Fernsehen, das sich durch die Annäherung an andere Kommunikationstechnologien wandelt, momentan vornehmlich dem Telefon und dem Computer (vgl. Kap. 1.), wird seine Identität aber laut Bolter und Grusin[21] nicht verlieren (vgl. ebd. 2000, 185).

Diese Umwälzungen, deren komplexe Strukturen hier nur rudimentär vorgestellt werden konnten[22], bilden den Rahmen für das heutige Erzählen von Geschichten (vgl. Ndalianis 2004, 4), denn durch die Computertechnologien haben sich auch das Schreiben an sich wie auch textuelle Konzeptualisierungen und narrative Formen nachhaltig verändert, insofern sich die neue Form des Schreibens mittels des Computers, das elektronische Schreiben, auf bestehende Formen des Schreibens und Erzählens auswirkt (vgl. Fußnote 48). Im Folgenden wird nun dieses ›neuartige textuelle Konzept‹, der Hypertext, und der veränderten Form fiktionalen Schreibens mit dem Ziel betrachtet, eine Folie für die Analyse von LOST zu entwickeln.

---

[20] Im Rahmen von *media convergence* werden die Menschen als aktive Mitwirkende verstanden, die miteinander interagieren. Jenkins (2006a, 3f.) bezeichnet dieses Konzept als *participatory culture*, schränkt allerdings ein, dass nicht alle gleichermaßen an diesem Prozess teilnehmen können, da sie entweder keinen Zugang zu den Technologien haben oder nicht über die entsprechenden Fähigkeiten verfügen (vgl. ebd. 23).

[21] Bolter und Grusin (2000, 224) bezeichnen *convergence* als gegenseitige Remediatisierung dreier wichtiger Technologien – Telefon, Fernsehen und Computer, die sich gegenseitig beeinflussen und zu einem Hybrid aus technischen, sozialen und ökonomischen Praktiken geworden sind.

[22] Neben Jenkins Buch »*Convergence Culture*« bietet die Zeitschrift »*Convergence*« einen sehr guten Überblick über die divergenten Phänomene und Veränderungen, die die heutige Medienlandschaft auszeichnen.

3. »The Shape of Things to Come« – der Hypertext als Analysefolie[23]

3.1. Das Hypertext-Konzept

Das Hypertext-Konzept, mit dem sich die vorliegende Studie auseinandersetzt, hat seine historischen Wurzeln[24] laut Yoo (2007, 39) im ›Memex‹ (MEMory Extender) von Vannevar Bush[25] Mitte der 40er Jahre und wurde Mitte der 60er Jahre in einem Aufsatz von Theodor Nelson[26] begrifflich festgelegt. Es gibt viele verschiedene Definitionen zum Hypertext, entscheidend ist, dass alle – mehr oder weniger ausführlich – das Gleiche sagen. Um das Konzept grundlegend zu bestimmen, lässt sich der Hypertext mit Ryans (2004, 340) Worten als »networks of textual fragments [...] connected by links« bezeichnen. Dieses Merkmal allein ist jedoch nicht ausreichend, trifft es doch auf viele literarische Experimente besonders im 20. Jahrhundert zu (vgl. Fußnote 3.2.). Um zu funktionieren, bedarf der Hypertext eines elektronischen Mediums, des Computers (vgl. Wirth 2006, 34), und kann nur an einem Bildschirm rezipiert werden (vgl. Storrer 2000, 230):

> The use of hypertext is most appropriate when 1. The content of the document is a large body of information logically organized and structured into multiple units or fragments; 2. These units or fragments are loosely associated with another, though not necessarily in a sequential manner; 3. A user or reader of the document only needs one unit or fragment of the content at any one time (Shneiderman 1989; zit. n. Yoo 2007, 47).

Diese multiplen Informationseinheiten oder Fragmente sind die Grundlage eines jeden Hypertextes und werden in der Literatur mit den unterschiedlichsten Termini – wie *chuncks*, Lexien, Module, *nodes*, *topics* – bedacht. Einig sind sich die Autoren

---

[23] Episode neun, Staffel (4.09)
[24] Einen guten Überblick über die Geschichte des Hypertext-Konzeptes liefert Hjun-Joo Yoo »*Text, Hypertext, Hypermedia*«, aber auch Landow (2006) und Bolter (2001) beschäftigen sich mit dessen Ursprüngen.
[25] Bush konzipierte in theoretischer Form einen maschinell erstellten Text, der wie das menschliche Denken – willkürlich, unberechenbar, assoziativ – funktionieren sollte und einen Leser als aktiven Prozessteilnehmer bedurft hätte; das Memex-Gerät wurde allerdings nie in die Praxis umgesetzt (vgl. Yoo 2007, 39f.).
[26] Nelsons Aufsatz »*The Hypertext, Processing of the World Documentation Federation*« etabliert nicht nur den Terminus, sondern auch die Vorstellung vom Leser als produktiven Co-Autor und infolgedessen auch des offenen, unendlichen Textes (vgl. Yoo 2007, 40f.), welches an heutige »Wiki«-Systeme erinnert (vgl. Fußnote 172). In den Konzepten rund um den Hypertext wird seit der Mitte des letzten Jahrhunderts generell das assoziative Schreiben unabhängig vom Autor postuliert (vgl. ebd., 44). Dieses ist als Teil einer poststrukturalistischen Dekonstruktion des Autors zu sehen, die ihren Höhepunkt in Roland Barthes' Aufsatz »*Der Tod des Autors*« hat.

hinsichtlich des Wesens dieser in sich geschlossenen Einheiten: sie bestehen nicht nur aus Text, sondern können ein Geflecht aus den unterschiedlichsten Symbolsystemen sein[27] (vgl. u. a. Storrer 2000, 227 oder Winko 1999, 513). Neben der reinen Informationsvermittlung fungieren die Einheiten als Erläuterungen, Kommentare oder Querverweise. Sie ermöglichen eine andere Perspektive auf den Gegenstand oder fügen weitere Argumentationsebenen hinzu (vgl. Winko 1999, 514), wobei die Anzahl der Module nicht festgelegt ist und diese prinzipiell verändert werden können (vgl. Storrer 2000, 233). Der Mehrwert dieses Konzeptes ist laut Storrer (ebd., 231) darin zu sehen, dass Texte, die eigentlich in diversen physischen Formen vorhanden sind, nun verknüpft und schneller greifbar werden.

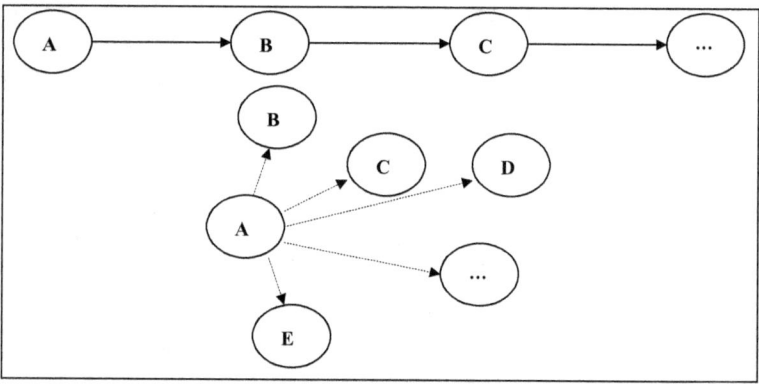

Abbildung 1: Lineare Konstruktion der Module im Vergleich zur nonlinearen; eigene Darstellung

---

[27] In diesem Zusammenhang wird in der Literatur auch häufig von synästhetischen Texten gesprochen (vgl. Storrer 2000, 229). Uneinigkeit herrscht wiederum in Bezug auf die Bezeichnung: während das eine Lager nur schriftliche Texte als Hypertexte und bei der Addition von multimedialen Elementen diese als *Hypermedia* bezeichnet (vgl. Storrer 2000, 228; Bolter 2001, 158), plädiert das andere Lager, in Anerkennung der Erweiterung, für einen synonymen Gebrauch beider Termini (vgl. Landow 2006, 3). In der vorliegenden Studie wird sich letzterem angeschlossen und der Begriff Hypertext für die unterschiedlichsten Formen verwendet, da eine tiefer gehende Differenzierung irrelevant für das Erkenntnisziel ist.

Weitere Informationen im obigen Zitat von Shneiderman deuten auf zwei entscheidende Kriterien, die mit einem Hypertext assoziiert werden, hin. »Loosely associated« bezieht sich auf die Verlinkungsstruktur, durch die ein Text erst zu einem Hypertext werden kann (vgl. Suter 2005), und die Organisation muss nicht zwingend »in a sequential manner«, also linear[28], sein. Diese daraus resultierende Nichtlinearität betrifft die Organisation der Lexien in einem Hypertext, die nicht chronologisch oder kausal sortiert und sukzessive rezipierbar (Abb. 1), sondern parallel zueinander strukturiert sind. Daher muss von einem (eventuellen) Ausgangsmodul A nicht direkt Modul B angesteuert werden und auch die Module C, D, E usw. sind beliebig anwählbar (Abb. 1), so dass die Rezeptionsreihenfolge nicht mehr vorgegeben ist[29] (vgl. Seibel 2002, 227f.). In ihrer inneren Struktur sind die Einheiten allerdings weiterhin linear aufgebaut, da ein Kommunikationsprozess nur dann als erfolgreich gelten kann, wenn die Inhalte kohärent[30] vermittelt werden. Infolgedessen ist eine Sukzessivität in der Informationsvermittlung und -aufnahme – Sprache wird in einem räumlichen oder zeitlichen Nacheinander übermittelt und wahrgenommen – nicht vollkommen auflösbar (vgl. Storrer 2000, 239). Aufgrund der differenten Handhabung ist es problematisch allgemeingültige Aussagen über Hypertexte zu machen. Dennoch kann festgehalten werden, dass je nach Kommunikationsziel, ob informiert oder unterhalten werden soll, die Konstruktion der einzelnen Module, als auch des gesamten Hypertextes variiert. Daher weisen fiktionale Hypertexte oftmals eine gesteigerte Komplexität auf als informierende (vgl. Kap. 3.2).

---

[28] Zwar gibt es im Internet, der ›physischen Expression eines Hypertextes‹ nach Bolter (2001, 38), eine Vielzahl linearer Texte, die Storrer (1999, 39f.) als E-Texte bezeichnet. Diese sind aber häufig digitale Kopien gedruckter Texte, die durch Links in das Internet eingefügt wurden und als pdf- oder html-Datei verfügbar sind.

[29] Für den Produzenten eines Hypertextes bedeutet dies, dass er beim Schreiben nicht zugleich strukturieren, sondern diese Aufgabe technisch gelöst werden muss, und dass er den Spielraum vorgibt, den der Rezipient für seine Aktivität nutzen kann (vgl. Winko 1999, 527).

[30] Kohärenz, der satzübergreifende Sinnzusammenhalt, ist laut Storrer (1999, 41f.) Teil eines Kommunikationsprozesses, in dem sich die Beteiligten über einen Wissensaspekt verständigen. Beeinflusst wird Kohärenz in der Regel durch das Vorwissen, die Erfahrungen und Erwartungen der Kommunikationsbeteiligten und ist immer das Ergebnis eines Produktions- und Rezeptionsprozesses. In nichtfiktionalen Texten muss die Wirkungsabsicht vorher geplant und der Rezipient sollte zur Konstruktion kohärenter Zusammenhänge, meist mittels Orientierungs- und Navigationshilfen sowie Ausstiegspunkten, unterstützt werden. In fiktionalen Hypertexten müssen diese Hilfen nicht zwingend angewendet werden, welches in Kap. 3.2 näher erläutert wird (vgl. Landow 2006, 222).

In der Literatur wird oftmals darauf hingewiesen, dass Hypertexte nicht wirklich nonlinear in ihrer Konstruktion seien, sondern vielmehr mulitlinear oder -sequentiell (vgl. u. a. Landow 2006, 3 oder Storrer 2000, 240f.):

> As many have pointed out, hypertext is not nonlinear, but multilinear. Each reading of a hypertext must be a linear experience, because the reader must move from episode to episode, activating links and reading the text that is presented. The problem that hypertxt poses for the reader is the problem of understanding the multiple lines she must travel in traversing the web of the text – lines that may ignore or contradict one another (Bolter 2001, 128).

Obwohl sich neben Bolter ein großer Teil der Autoren für den Terminus Multilinearität ausgesprochen haben, wird in dieser Analyse für eine Aufrechterhaltung des Nonlinearitätsbegriffs plädiert, insofern zwischen dem Organisationsprinzip und dem Rezeptionsprozess stärker differenziert werden muss[31]. Wie bereits ausgeführt kann Bolter zugestimmt werden, dass das Lesen von Hypertexten durch das zeitliche Nacheinander, in dem die einzelnen Textfragmenten angewählt und rezipiert werden, eine lineare Erfahrung ist. Durch das Zurückgehen und Einschlagen eines anderen Weges im Hypertext entsteht im Rezeptionsprozess die Multilinearität. Strukturell betrachtet muss keine Linearität vorliegen, das heißt, je nach der im Produktionsprozess ausgewählten Textform können mehrere verschiedene Lesewege angeboten werden, wodurch Multilinearität produziert werden kann; dennoch können auch Hypertexte, zum Beispiel *Online*-Lexika, ohne hierarchische Vorgaben vorliegen. Um all die vielen Hypertextsorten unter einen Begriff zusammenzufassen, soll Nonlinearität als Hypernom verwendet werden.

---

[31] Eine differenziertere Betrachtung schlägt bereits Storrer (2000, 239ff.) vor, indem sie zwischen der Linearität als mediale Eigenschaft, somit den Bedingungen der Rezeption, und der Linearität des Konzeptes differenziert. Die Rezeptionsbedingungen sind neben der sukzessiven Wahrnehmung des Menschen von dem jeweiligen Medium vorgegeben und beziehen sich in erster Linie darauf, dass diese Vorgaben schwieriger zu unterlaufen sind: prinzipiell kann die Linearität beim Fernsehen ohne Aufnahmetechnologien nicht gebrochen werden, während ein (wissenschaftliches) Buch oft mithilfe von Indizes und Inhaltsverzeichnissen quer gelesen wird. Infolgedessen sind elektronische Hypertexte nonlinear. Hinsichtlich der Konzeption schlägt Storrer den Terminus ›Sequenziertheit‹ statt Nonlinearität vor und stellt drei verschiedene Formen vor: monosequentiert, mehrfachsequentiert sowie unsequentiert. Diese unterscheiden sich in Bezug auf eine durchgängige (monosequentiert) oder fragmentierte Struktur (mehrfachsequemtiert/ unsequentiert) und auf das Vorhandensein programmierte Lesepfade (mehrfachsequentiert) beziehungsweise thematischer Verweise (unsequentiert). Dieser Ansatz bildet teilweise die Basis der Argumentation dieser Studie, dennoch sollen hier die ursprünglichen Linearitätstermini beibehalten werden.

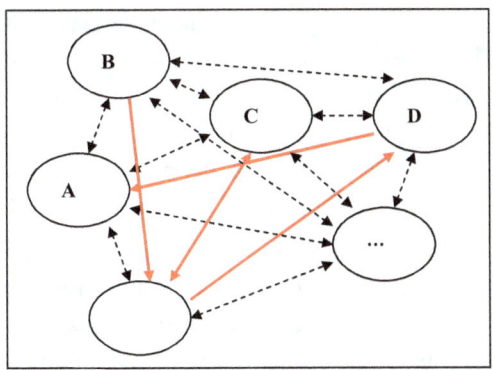

**Abbildung 2: Vernetzungsprinzip im Hypertext mit Lesepfad;
eigene Darstellung**

Entscheidend für den Aufbau einer Hypertextstruktur ist das Anbieten multipler Möglichkeiten durch das Setzen von Verbindungen zwischen den einzelnen Texteinheiten, den so genannten (Hyper-)Links. Ontologisch betrachtet sind diese Schnittstellen, »»eine Markierung einer elektronischen Textstelle auf einem Bildschirm«« (Suter 2005), und bestehen aus einem Anker, der ebenso wie das gesamte Modul nicht zwingend eine Textstelle sein muss, sondern auch eine Grafik, ein Multimedia-Element, etc. sein kann, sowie mindestens einem Ziel[32] (vgl. ebd.). Links sind mehr oder weniger sichtbare Verweise (vgl. Storrer 2000, 228) an der Oberfläche eines Moduls und fungieren als Absprungs- und Verbindungspunkte zu einer weiteren Einheit. Prinzipiell kann jedes einzelne Wort beziehungsweise Element ein Link sein, woran zu sehen ist, dass eine sinnvolle Struktur vom Konzept nicht zwingend vorgegeben ist. Durch das Aktivieren eines solchen wird aus einer virtuellen, vom Textproduzenten[33] programmierten Verbindung eine reelle Verknüpfung (vgl. Wirth

---

[32] Ebenso wie die vielen Strukturmöglichkeiten des Textes gibt es auch eine Fülle an Verlinkungsformen. Grundsätzlich kann ein gesamtes Modul, einzelne Elementen, Abschnitte, Sätze, Worte oder auch Buchstaben als Link fungieren und auf ein jeweiliges Modul oder einzelne Elemente etc. verweisen beziehungsweise zu mehreren Zielen führen, ebenso wie viele einzelne Links mit dem gleichen Ziel verbunden sein können. Links können markiert, das heißt sichtbar sein, oder nicht, das heißt auch sie werden nur sichtbar, wenn zum Beispiel die Maus über den Link bewegt wird. Die Richtungen können nur vom Ausgangspunkt wegführen oder auch in beide Richtungen Sprünge ermöglichen (vgl. Landow 2006, 13ff.).
[33] Da die Bezeichnung ›Autor‹ oftmals den Verfasser einer literarischen oder wissenschaftlichen Publikation meint, wird in dieser Studie dieser Begriff nur in Bezug auf fiktionale Hypertexte (Kap. 3.2) verwendet. Demgegenüber wird hinsichtlich allgemeiner Aussagen über Hypertexte der neutralerer Ausdruck ›Text-/ Produzent‹ vorgezogen.

2006, 37), das angewählte Modul auf dem Bildschirm präsent (vgl. Winko 1999, 513) und der Text nimmt seine prozesshafte Gestalt an[34]. Während eines Rezeptionsprozesses, der zugleich ein dynamischer Konstruktionsprozess ist, wiederholt sich dieser Vorgang häufig und es entsteht ein so genannter Lesepfad[35] (vgl. Suter 2005), der in Abbildung zwei durch die roten Pfeile in übersichtlicher Form visualisiert wird.

Das Aufbrechen der chronologischen Abfolge zugunsten einer parallelen Mehrfachstrukturierung, erfordert infolgedessen ein Umdenken hinsichtlich des Rezeptionsverhaltens[36]: der Leser folgt einem Text nicht mehr nur sukzessive und bis zu seinem Ende, sondern muss aktiv werden, da die Links ihn zu einer Entscheidung zwingen (vgl. Yoo 2007, 50): »Readers move through the text by clicking on buttons, and, since most fragments contain many buttons, readers have a choice of many different itineraries« (Ryan 2004, 340). Diese vielen »buttons«, Bolter nennt sie auch »decision points« (2001, 123), stellen den Rezipienten vor die Wahl, ob er in der aktuellen Texteinheit verbleibt und den Sprung nicht ausführt beziehungsweise auf einen späteren Zeitpunkt verschiebt oder ob er das Modul sofort verlässt und direkt zu einem anderen navigiert (vgl. Suter 2005). Durch den Akt des Wählens, der auf dem Vorwissen und den Interessen des Rezipienten fußt, wird das partielle und selektive Rezipieren[37] etabliert; die Entscheidungsfreiheit ist Bolter (2001, 43) zufolge vermeintlich, da der Rezipient meistens nicht frei assoziieren und auch nicht die Kontrolle über den Text hat, sondern nur den vorgegebenen Pfaden folgen kann. Aus die-

---

[34] Ein kompletter Hypertext – von Hypertextnetzen gar nicht erst zu reden – ist oftmals nicht nachvollziehbar, da die Bildschirme lediglich einen gewissen Teil abbilden können (vgl. Storrer 1999, 50). Viele Texteinheiten sowie deren Verbindungen bestehen virtuell und der gelesene Text setzt sich erst bei Anfrage, das heißt durch das Aktivieren eines Links, zusammen, weshalb von einem dynamischen, unbeständigen Text gesprochen werden kann (vgl. Storrer 2000, 233).

[35] Beim ›Surfen‹ durch das Internet wird dieser Lesepfad, der einer gelegten Spur gleichkommt, von den Browsern in Form eines Verlaufsprotokolls gespeichert und fungiert so als ein Orientierungsmittel, da die einzelnen Schritte einfach zurückverfolgt werden können (vgl. Suter 2005).

[36] Das Hypertext-Konzept scheint die Basis der veränderten Rezipientensicht zu sein, dass sich auch auf andere Medien auswirkt. Ähnliche Konzepte, zum Beispiel der kognitiv aktive Zuschauer bei Fiske oder Bordwell, die diesen vehement von einem passiven, manipulierbaren Objekt abgrenzen, werden schon seit einigen Jahren postuliert, aber erst das Internet und dessen Ausformungen scheint den entscheidenden Impuls für ein allgemeines Umdenken gegeben zu haben.

[37] Selektives oder auch partielles Lesen bezieht sich ursprünglich auf die Lektüre von Fachtexten oder auch Lexika, da diese Publikationen selten vollständig rezipiert werden. Stattdessen wählt der Leser je nach Interesse die relevanten Kapitel oder Abschnitte aus, wobei ihn Orientierungshilfen wie Inhaltsverzeichnisse, Register, Indizes etc. unterstützen.

sem Grund sprechen Bolter (ebd.) und Yoo (2007, 94), beide beziehen sich vornehmlich auf fiktionale Hypertexte, von einer ›illusionären Interaktion‹. Dem ist zumindest dahingehend zu widersprechen, insofern diese Aussage nicht für alle Hypertextformen gilt, und muss im Sinne der Informatik, die Interaktivität als das vorprogrammierte Reagieren der Software auf die Eingabe des Benutzers bezieht (vgl. Storrer 2002, 243), revidiert werden. Hinzuzufügen ist, dass mit Interaktivität auch der Einfluss des *Users* auf den Inhalt und die mediale Kommunikation bezeichnet wird (vgl. Marotzki 2004, 118). Denn Aktivität im Hypertext beschränkt sich nicht nur auf das Anwählen von Links: WIKIPEDIA ermöglicht den *Usern* das Verfassen, Bearbeiten oder Erweitern von Artikeln; Blogs und Kommentarfunktionen ermöglichen das Publizieren eigener Texte und die wechselseitige Kommunikation zwischen Textproduzent und Rezipient über den Computer, welche infolgedessen auch den ursprünglichen Text beeinflussen kann[38]. Ryan (2001, 210ff.) erstellt aufgrund der divergenten Formen eine Typologie der Interaktivität, indem sie mehrere Varianten einer »purely selective« Form, zu denen sie das Aktivieren von Links zählt, und zwei »productive« Formen, zu denen das Kommentieren gehört, postuliert.

Die Vorstellung, dass einzelne Texte immer in Beziehung zu anderen stehen und ein textuelles Netz bilden, ist keine Novität, sondern ein Grundgedanke des Intertextualitätskonzeptes[39] (vgl. Winko 1999, 517), zumal beide Konzepte, das des Hypertextes und der Intertextualität, in den 1960er Jahren entwickelt wurden. Laut Landow (2006, 55) ermöglicht der Hypertext die Intertextualität anhand von verlinkten Materialien sichtbar zu machen, das heißt, dass die Links als konkrete Verweise fungieren.

---

[38] Als Beispiel kann die Kommunikation zwischen dem Autor eines Artikels, Christian Junklewitz, und einem *User* namens Sebastian auf der Plattform ›serienjunkies.de‹ gesehen werden: angeregt über die Berichterstattung über den neuen öffentlich-rechtlichen Digitalsender ›ZDF.neo‹ unterhalten beide sich über das Synchronisieren von britischen *Comedies* und die Schwierigkeit, die Rechte des Originaltons zu erwerben, wodurch der ursprüngliche Text informativ erweitert wird (vgl. Junklewitz 2009c).

[39] Es gibt unterschiedliche Intertextualitätsmodelle, von denen Julia Kristevas, die das Bachtinsche Dialogizitätskonzept weiterentwickelt und den Terminus geprägt hat, eines der bekanntesten, aber auch eines der am wenigsten fassbarsten ist: sie konzipierte ein Universum der Texte (»texte général«), das in jedem geschriebenen und noch zu schreibenden Text Spuren hinterlässt und zu dem sie jedes kulturelle System zählte; allerdings ist in einem derartigen Konzept Intertextualität kein besonderes Merkmal mehr und für eine Analyse nicht anwendbar (vgl. Pfister 1985, 8ff.). Demgegenüber konzipiert Gerard Genettes Intetextualität als sichtbare Präsenz eines oder mehrer literarischer Texte in einem anderen und ermöglicht so eine konkrete Analyse (vgl. ebd., 17), die in der Literaturwissenschaften schon von jeher unter anderer Bezeichnung betrieben worden ist (vgl. ebd., 1).

Prinzipiell besagt das Analysekonzept der Intertextualität, dass Autoren bewusst, intentional und pointiert auf andere, so genannte Prätexte, anspielen oder Bezug nehmen, »von denen [der Autor] möchte, daß sie vom Leser erkannt und als zusätzliche Ebene der Sinnkonstitution erschlossen werden« (Pfister 1985, 23). Diese Bezüge sind oftmals fragmentarisch und der Leser muss aktiv nach derartigen Textstellen suchen (vgl. Winko 1999) und die Lücken mittels seiner Assoziation füllen (vgl. Yoo 2007, 59), welches Pfister (1985, 23) als Lösen von Rätseln verdeutlicht. Das setzt voraus, dass sich der Leser der Prätexte bewusst ist – er muss ein entsprechendes Vorwissen besitzen, um diese weiteren Bedeutungsebenen zu erfassen, welches in der Regel nur einem gebildeten Lesers gelänge (vgl. Landow 2006, 55). Dieser konstruiert im Leseakt, angeregt durch den Verweis, den Intertext, der keine physische Form annimmt, sondern der immer eine imaginative Leistung des Lesers und nicht mit dem Prätext gleichzusetzen ist (vgl. Yoo 2007, 68f.). Im Hypertext ist der Verweis auf einen anderen Text oder eine weitere Informationseinheit in der Form des textuellen oder auch grafischen Links visualisiert, das heißt, »an der Stelle, an der der Leser sonst einen Bezug selbst herstellen müsste, [steht] immer eine Hyperlink zu einem bestimmten Text« (ebd., 57). Dieses Konzept wird aufgrund der Verweisfunktion eines Elementes auf ein anderes als intertextuell bezeichnet (vgl. Bolter 1997, 44), ist jedoch nur eine »Parodie des Intertextualitätsprinzips« (Yoo 2007, 59): denn nicht mehr der Leser lässt seinen Assoziationen freien Lauf, sondern der Produzent legt vorher die Textauswahl fest (vgl. ebd., 58), wodurch eine Aktivitätsverlagerung vom Rezipienten zum Produzenten stattfindet (vgl. Winko 1999, 529). Daraus lässt sich ableiten, dass der aktive Rezipient des Hypertext-Konzeptes eigentlich weniger aktiv zu sein scheint als der des Intertextualitäts-Konzeptes. Im Vergleich zwischen beiden Konzepten kann konkludiert werden, dass im Hypertext eine größere Anzahl von Individuen agieren kann, während intertextuelle Verweise sich nicht jedem, sondern nur einem Leser mit Vorwissen erschließen, und die kognitive Aktivität anderer Art ist, worauf im weiteren Verlauf dieses Kapitels noch eingegangen wird. Darüber hinaus scheint durch das Aufbrechen der strukturellen Geschlossenheit die Grenze zwischen den Texten nicht mehr existent zu sein, welches das Generieren eines Intertextes überflüssig werden lässt. Zumal ein Text im hypertextuellen Netzwerk wie beschrieben keine geschlossene Entität mehr ist, sondern sich prozessual durch die zu aktivierende Verknüpfung einzelner Lexien, konstituiert.

Generell führt das Aktivieren eines Links zum Aussteigen aus der Linearität und eröffnet dem Rezipienten so ein »»Netzwerk an Möglichkeiten«« (Suter 2005). Dieses Netzwerk der Informationseinheiten kann intern gestaltet sein, indem innerhalb eines Hypertextes die Module durch interne beziehungsweise intratextuelle Links verknüpft werden, oder extern, die Verbindung eines Hypertextes mit anderen durch externe beziehungsweise intertextuelle Verlinkungen (vgl. Winko 1999, 524), wodurch ein so genanntes Hypertextnetz[40] entsteht. Diese sind entweder als geschlossene oder offene Systeme konzipiert: erstere »»verfügen über eine feste Anzahl von Modulen«« und sind »»als statische Produkte mit stabiler Struktur«« (Storrer 2000, 236) gestaltet, die nach dem Ende des Programmierprozesses nicht mehr verändert oder erweitert werden können (vgl. Yoo 2007, 44). Offene Hypertexte/-netze ermöglichen das Überarbeiten einzelner Einheiten und das Erweitern durch Anknüpfen neuer Module (vgl. Storrer 2000, 236). Zwar wird das Postulat des ›Lesers als Co-Autor/-Produzent‹ bisher nur in einigen Bereichen und oft nicht vollständig umgesetzt; entscheidender ist, dass das Editieren des Rezipienten immer einer mehr oder weniger strikten Kontrollinstanz[41] unterliegt (vgl. Yoo 2007, 46). Trotzdem ermöglicht die Vernetzung, dass die Distanz zwischen den Texten aufgehoben wird und sie dadurch räumlich zusammengebracht werden (vgl. Landow 2006, 6). Aus der Mehrfachstrukturierung und Vernetzung kann postuliert werden, dass im Hypertext-Konzept Räumlichkeit einen völlig neuen Stellenwert einnimmt, da die Gedanken und Vorstellung parallel ausgestaltet werden und das chronologische Ordnungsprinzip an Relevanz verliert (vgl. Seibel 2002, 227). Die Korpora aus verlinkten Texttei-

---

[40] Generell wird in der Literatur zwischen Hypertexten, thematischen Clusterbildungen, die von einem System verwaltet werden, und Hypertextnetzen, die als übergeordnete Einheit fungieren, unterschieden. Das größte und bekannteste ist das *World Wide Web*, das sich in weitere Teilnetze gliedern lässt (vgl. Storrer 2000, 236).

[41] Das Editieren durch die Rezipienten ist technisch inzwischen umsetzbar, aber die Möglichkeiten dazu und dessen Umfang (nur Kommentare oder ganze Modulerweiterungen) müssen von Produzenten oder Programmierer des Hypertextes eingerichtet werden, zum Beispiel muss einer Webseite die Kommentarfunktion für den produzierenden Rezipienten eingerichtet werden. Selbst WIKIPEDIA, wo grundsätzlich jeder *User* Texte verfassen oder bearbeiten kann, gibt es neben dem Prinzip der ›Kontrolle durch die Gemeinschaft‹ Administratoren, die als *User* mit erweiterten Rechten andere, die gegen die Regeln verstoßen haben, sperren. Administratoren sichten ferner Artikel, schlagen sie zur Bearbeitung vor oder löschen diese auch. Insbesondere beim deutschsprachigen WIKIPEDIA werden seit 2008 keine ungesichteten Artikel mehr publiziert (vgl. *de.wikipedia.org/wiki/Wikipedia*). Im Vergleich zu anderen Medien, wie dem Buch oder dem Fernsehen, ist es dennoch für den Einzelnen einfacher selber Texte zu produzieren und diese zu veröffentlichen.

len weisen keine spezifische Organisationsform aus (vgl. ebd., 56), das heißt, dass Hypertexte in ihrer Dokumentenstruktur unterschiedlich gestaltet sein können:

> Sie unterscheiden sich vom Komplexitätsgrad ihrer Verzweigungen, in ihrem Organisationstyp von additiv bis hierarisch und in der Gangbarkeit ihrer Pfade, die nur in eine oder in beide Richtungen lesbar sein können (Winko, 2001).

Neben der linearen Struktur, die nur eine Leserichtung vom Anfang- zum Endpunkt ermöglicht (vgl. Fußnote 27), findet auch die hierarchische Baumstruktur weiterhin Anwendung, bei dieser können von einem Ausgangspunkt verschiedene, weiter verzweigte Wege eingeschlagen werden (vgl. Winko 2001). Der ideale Hypertext hat jedoch eine rhizomatische Struktur[42] (vgl. Landow 2006, 62), eine nicht hierarchische Struktur, die eine größere Anzahl an ›sich kreuzenden, überschneidenden, unterbrochenen, umgekehrten und veränderbaren‹ Verbindungen unter den einzelnen Lexien ermöglicht sowie multikursal[43] ist. Dazu können Labyrinthe zählen, die als Metaphern für netzwerkartiges Erzählen gelten können (vgl. Kap. 3.2), oder reine Netzformen[44], die dem Rhizom Deleuze'/Guattaris nahe kommen (vgl. Winko 2001),

---

[42] Das Rhizom, ein pflanzliches Wurzelgeflecht, haben Gilles Deleuze und Félix Guattari als Metapher für die Wissensorganisation in der Postmoderne etabliert. In Kontrast zum Baummodell, einem hierarchischen Organisationsprinzip, hat das rhizomatische Konzept keine übergeordneten Ordnungsstrukturen und infolgedessen auch keinen Anfang und kein Ende. Es wächst von einer Mitte aus, doch diese Mitte kann sich jederzeit, je nach Wachstumsrichtung verschieben, das heißt, dass es keiner Teleologie unterworfen ist. Jeder beliebige Punkt im Rhizom kann mit jedem anderen beliebigen Punkt verbunden werden, wobei die dabei entstehenden Linien sich kreuzen und überschneiden, unterbrochen und umgekehrt beziehungsweise modifiziert werden können (vgl. Deleuze/ Guattari 2005 [1977], 36f.). Infolge dieser Konzeptualisierung kann ein Rhizom »keine konturierende Gestalt« (Margreiter 2007, 122) haben. Margreiter verknüpft die Rhizom-Metapher mit McLuhans Mosaikstruktur, der postuliert hat, dass die Denk- und Darstellungsstrukturen neuer Medien nicht mehr linear, sondern patchworkartig geordnet seien, insofern diese Strukturen versuchsweise arrangiert und stets revidiert werden können (vgl. ebd., 136). Es muss betont werden, dass es zwischen dem Rhizom und dem Hypertext-Konzept hinsichtlich der Eigenschaften keine vollkommene Übereinstimmung gibt (vgl. Landow 2006, 58f.), zum Beispiel kann in einer rhizomatische Anordnung infolge der Endhierarchisierung die Trennung von Produktion und Rezeption nicht aufrecht erhalten werden (vgl. ebd., 62).

[43] Die Multikursalität bezieht sich auf labyrinthische Texte und basiert auf Espen Aarseth Abhandlung über Cybertexte. Es bezeichnet ein Labyrinth, durch das es mehrere Wege gibt. Demgegenüber gibt es auch unikursale, durch die es nur einen Weg vom Anfang bis zum Ende gibt. Hypertexte sind ebenso wie (digitale) Spiele meistens multikursal (vgl. Ndalianis 2004, 82ff.).

[44] Eco benennt das Netz als weitere labyrinthische Form, welches als Erweiterung des multikursalen Labyrinth betrachtet werden kann und zwar dahingehend, dass die Wände der dieser Form kollabiert wären und durch die ausweitende Vernetzung eine höhere Komplexität entsteht. Eco betrachtet diese Form als nicht abgeschlossen, da immer neue Verbindungen entstehen können und es

insofern sie ohne Anfangs- und Endpunkt und ohne Zentrum organisiert sind. Der Rezipient etabliert ein Zentrum temporär nach seinen eigenen Interessen und ist beim Verfolgen dieser an keine Hierarchie gebunden (vgl. Landow 2006, 56ff.). Die prinzipielle Veränderbarkeit und die beliebigen Verbindungen ermöglichen multiple Aus- und Eingänge, das heißt, der Rezipient bewegt sich seinen Interessen gemäß durch den Text, indem er von einer Texteinheit zu einer anderen springt und dabei die Richtung wechselt, und den Ausgang beziehungsweise das Erkenntnisziel sucht. Nicht nur, dass »Hypertext-Leser [...] eine ›größere kognitive‹ Last zu tragen [haben], als sie ihre Position im Netzwerk erinnern müssen« und »die Entscheidung zu treffen haben, welche Einheiten sie als nächstes lesen« (Winko 1999, 519), auch führen die permanent angebotenen Links im dezentralen Netz zu einer Desorientierung des Rezipienten (vgl. ebd., 524). Die Zunahme von Verlinkungen und das damit einhergehende Nachlassen der Organisationsstruktur der Lexien, verkompliziert das Erkennen der Kohärenz (vgl. Mahne 2007, 111).

3.2. Erzählen im Hypertext

Das Lesen von Hypertexten stellt somit eine vollkommen andere textuelle Erfahrung als das Lesen von gedruckten Texten dar. Während das Internet einen großen Einfluss auf die alltägliche Erfahrungswelt hat, weisen die literarischen Versuche mit fiktionalen Hypertexten[45] keinen großen Erfolg auf. Dessen ungeachtet stellt sich die Frage, wie sich die Bedingungen des Hypertextes auf das Erzählen auswirken, da Medien nicht neutrale Träger von Kommunikationsinhalten sind, sondern auf die Form und den Inhalt der Erzählungen Einfluss nehmen (vgl. Mahne[46] 2007, 15). Prinzipiell ist eine Narration der Akt, wie eine Geschichte erzählt wird (Mittel 2010, 219) und lässt sich somit als kognitives Schema[47] auffassen, insofern der Einzelne erlernt hat, »zeitliche Prozesse in einen kausalen Sinnzusammenhang [...] [zu] verstehen,

---

somit unendlich ist (vgl. Ndalianis 2004, 123), was dem wuchernden Wachstum des Rhizoms entspricht.

[45] Für die fiktionalen Hypertexte gibt es eine Vielzahl an Termini, von denen in dieser Studie die Begriffe Hypernarration oder Hyperfiktion synonym verwendet werden.

[46] Nicole Mahne unternimmt in ihrer Publikation »*Transmediale Erzähltheorie*« den Versuch, eine solche aufzustellen, indem sie über die einzelnen Erzählformen (z.B. Roman, Comic, Hörbuch, Film, Hyperfiktion) unterschiedlicher Medien eine universale Struktur ableiten möchte; ein Desiderat, das sie leider nicht erfüllt und das somit noch zu entwickeln wäre.

[47] Um vorab eine Verbindung zu audiovisuellen Narrationen herzustellen, muss an dieser Stelle hingewiesen werden, dass diese Ansichten dem neoformalistischen Ansatz Bordwell/ Thompsons entsprechen.

[...][zu] deuten und [...][zu] kommunizieren«< (Mahne 2007, 16). Erzählungen eröffnen laut Marie-Laure Ryan (2004, 337) den Blick auf eine Welt, das *setting*, bevölkern diese mit intelligenten *agents*, den Charakteren, die an Aktionen und Ereignissen teilnehmen, die wiederum die narrative Welt entscheidend verändern: »Narrative is thus a mental representation of causally connected states and events that captures a segment in the history of a world and of its members« (ebd.). Diese basale Definition[48] offenbart die Universalität beziehungsweise Transmedialität des Konzeptes, da sie die Grundlage aller medialen Erzählformen reflektiert.

Laut Ryan (2004, 356) eröffnen sich durch die digitalen Medien neue Formen und Möglichkeiten des Narrativen, ohne dass es vollkommen verändert würde[49]. Dies ist unter anderem daran zu sehen, dass auch in fiktionalen Hypertexten meistens nicht vollkommen auf die Linearität, zumindest in den einzelnen Lexien, verzichtet wird (vgl. 3.1), sondern die Präsentation der *Story*, die Ebene des *Plots*, transformiert wurde (vgl. Ryan 2004, 354ff.): »Many hypertexts [...] exemplify [...] a ›storyworld‹. Storyworlds, which contain multiple narratives, demand active readers because they only disclose their stories in response to the reader's action« (Landow 2006, 245). Im Unterschied zu gedruckten Narrationen wird diese nicht chronologisch und/oder kausal entfaltet, sondern die *Story* kann sich im Hypertext räumlich entfalten und so multidimensional gestaltet werden[50] (vgl. ebd., 221). Diese vielen Narrative sind potenziell unendlich und untereinander durch Verlinkungen verbunden (vgl. ebd.), wodurch sich die Narration netzwerkartig ausbreiten kann. Nach der Auffassung von Bolter (2001, 152) können Hyperfiktionen somit als eine ›Struktur möglicher Strukturen‹ entworfen werden; er bezieht sich damit auf das Anlegen von mehreren kohärenten Erzählstränge, welches er als »second-order writing« bezeichnet. Das Konzi-

---

[48] Diese Definition dokumentiert nicht nur den transmedialen Aspekt von Narrationen, sondern ist von Ryan (2004, 337) bewusst weit gefasst worden, um möglichst viele Varianten wie »simple plots, complex plots, dramatic plots« (ebd.) etc. zu berücksichtigen. Interessant ist das Einbeziehen von mimetischen Formen wie dem Drama, das bis vor kurzem als nicht narrativ galt und auch bis dato je nach Ausrichtung des Narrationsbegriffs ausgeschlossen beziehungsweise umstritten ist.
[49] Ryan (2004, 331ff.) stellt die Ansätze von Jay D. Bolter, George Landow und Katherine N. Hayles deshalb in Frage, weil diese eine vollkommene Veränderung des Narrativen postulieren, und schwächt den medialen Einfluss mit dem Verweis auf historische Entwicklungen ab, insofern Erzählungen die technologischen Innovationen (von der Oralität zur Literalität, von der Handschrift zum Druck etc.) bisher überlebt und sich weiterentwickelt haben (vgl. ebd., 356).
[50] Dies wirft die Frage auf, ob die prinzipielle Unterscheidung in *Story* und *Plot* in einer Hypernarration überhaupt noch Bestand haben kann beziehungsweise ob die Grenze zwischen beiden nicht verwischt worden ist.

pieren von Alternativen, seien es multiple Plots oder ein einziger aus unterschiedlichen Perspektiven (vgl. ebd., 123), lässt Assoziationen an die konkrete Umsetzung von Ryans *possible-world theory*[51] zu, indem die möglichen Welten als Handlungsmöglichkeiten Teil des wirklichen *Plots* werden. Der Hypertext dient grundsätzlich als Matrix für die vielen verschiedenen Narrationsmöglichkeiten und stellt diese bereit (vgl. Ryan 2004, 340).

Hyperfiktionen können unterschiedlich strukturiert werden, entweder als Labyrinth, Netz oder auch als Baum, aber je offener die Narration gestaltet ist, desto schwieriger ist das Lesen der Narration. Nach Landow (2006, 223) sollte »›followability‹« das Ziel literarischer Hypertexte sein, insofern eine *Story* trotz diverser Handlungsmöglichkeiten, Unterbrechungen oder Ablenkungen nachvollzogen werden kann[52]. Der Rezipient folgt der Erzählung, indem er die einzelnen Module liest und die Links aktiviert. Von ihm wird erwartet, dass er von Raum zu Raum springt, diese untersucht und die einzelnen Fragmente entdeckt (vgl. ebd., 249), wobei es keinen ›richtigen‹ Weg durch das Werk gibt und auch keine ›richtige‹ Lösung. Aufgrund der Komplexität kann oder muss weder das ganze Ausmaß der Hyperfiktion noch ihre multiple Bedeutungsebenen erfasst werden (vgl. Yoo 2007, 49). Die scheinbar zufällige und oftmals unverbundene Repräsentation von Informationen fordert vom Rezipienten eine besondere kognitive Leistung ab, indem er die Episoden in seiner Erinnerung behalten und weitere Fragmente suchen muss, um den Sinn zu konstruieren (vgl. Bolter 2001, 130):

> This construction of an evanescent entity or wholeness always occurs in reading, but in reading hypertext it takes the additional form of constructing, however provisionally, one's own text out of fragments, out of separate lexias. It is a case, in other words, of Lévi-Strauss's *bricolage*, for every hypertext reader is inevitably a *bricoleur* (Landow 2006, 232).

Trotz des Auflösens von Chronologie und Kausalität der Story versucht dieser laut Ryan (2004, 341), die Bruchstücke unabhängig von der rezipierten Reihenfolge kausal zu organisieren. Im Gegensatz zu Bolter und Landow betrachtet sie Kohärenz

---

[51] Laut dieser Theorie hat eine Narration mehrere Handlungszüge und an so genannten Verzweigungspunkten wird einer realisiert, während die weiteren denkbaren Möglichkeiten virtuelle Handlungen sind, die sich unter anderem als Wünsche oder Träume äußern können (vgl. Ryan 2001, 99ff.; vgl. Kirchmann 2006, 162f.).

[52] Es muss darauf hingewiesen werden, dass die Voraussetzung für ein derartiges Argumentieren das Bewahren von Narrativität in den Hypertexten ist. Damit sollen all die vielfältigen abstrahierenden Hyperfiktionen ausgeschlossen werden, die für das Erkenntnisziel dieser Studie, eine Folie für die Analyse von LOST zu generieren, irrelevant sind.

nicht als das Ergebnis eines Rezeptionsprozesses. Da fiktionale Hypertexte bisher keine »story-generating machine[s]« (Ryan 2004, 342) sind, das heißt, sie nicht während des Rezeptionsprozesses aus sich heraus produziert werden, sondern aus von einem oder mehreren Autoren geschriebene Fragmente, die zu verbinden sind, bestehen, gleichen sie vielmehr Puzzles. Aus diesem Grund weisen Hyperfiktionen häufig netzwerkartige Strukturen auf, bei der nicht von jeder Texteinheit zu jeder beliebig anderen gesprungen werden kann, sondern die Auswahlmöglichkeiten abhängig vom bisherigen Leseweg ist (vgl. Seibel 2002, 230). Daraus lässt sich ableiten, dass Kohärenz, die während des Produktionsprozesses geplant wird, das freie Agieren des Rezipienten einschränkt (vgl. ebd.) und dieser nicht den Sinn selbst konstruiert, sondern aus den ungeordneten Fragmenten versucht, ein Gesamtbild zu *re*konstruieren (vgl. Ryan 2004, 342). Infolgedessen ist auch in vielen fiktionalen Hypertexten Kohärenz gegeben, sie ist im Vergleich zu gedruckten Texten[53] nur schwieriger zu erkennen (Landow 2006, 224).

Auch Hyperfiktionen müssen keine festgelegten Anfangs- und Endpunkte haben. Laut Landow (2006, 227) können sie eine Anfangssequenz besitzen, doch diese ist nicht gleichzusetzen mit dem Anfang der Erzählung, und kann ein Punkt mitten in der Narration sein, zu dem andere Lexien hinführen. Der Endpunkt wiederum ist als Standpunkt anzusehen, von dem aus die *Story* als Einheit betrachtet werden kann, welches nicht die gesamte Narration ist, sondern sich eher auf einzelne Handlungsabschnitte, im Folgenden Narrative genannt, bezieht, die in einem thematischen Zusammenhang stehen können. Eine hyperfiktionale Struktur erscheint als abgeschlossen, wenn sie vom Rezipienten als kohärent, vollständig und stabil wahrgenommen wird, obwohl sie weiter fortgesetzt wird oder werden kann (vgl. ebd., 228). Dadurch kann der Rezipient den Endpunkt durch das Beenden seiner Lektüre selber wählen. Der Rezeptionsprozess ist jedoch nicht gleichzusetzen mit einem kohärenten Fließen

---

[53] Diese Aussage kann so nicht stehen gelassen werden, denn auch in der Literatur wird seit Jahrhunderten mit dem Aufbrechen der chronologischen und kausalen Erzählweise experimentiert. Als Beispiele lassen sich, in Anlehnung an Bolter (1997, 45f.; 2001, 138ff.), Laurences Sternes *»Tristram Shandy«* (1759-67), dessen Erzählstil von Digression (innertextuellen Abschweifungen) und Allusionen geprägt ist, oder auch E. T. A. Hoffmanns *»Lebensansichten des Katers Murr«* (1819-21) nennen, in dem zwei Erzählungen miteinander verflochten sind. Die Literatur des 20. Jahrhunderts ist wiederum von der (Zer-)Störung der Textstabilität und dem Bruch mit bestehenden literarischen Prinzipien geprägt; als herausragende Werke und Antizipation der Hypertext-Organisation gelten James Joyces *»Ulysses«* (1918-20) und Jorge Luis Borges' *»Ficciones«* (1944).

durch den Hypertext, sondern die Texteinheiten gleichen vielmehr einer Aneinanderreihung einzelner Informationen:

> Even entering at a single point determined by the author, the reader chooses one path or another and calls up another lexia by a variety of means, and then repeats this process until she or he finds a hole or a gap. Perhaps at this point the reader turns back and takes another direction (Landow 2006, 231).

Durch das Umkehren wiederholen sich die einzelnen Lexien und können durch inzwischen erhaltene Informationen anderes verstanden werden. Bolter (2001, 136f.) bezeichnet Wiederholungen als ein Kennzeichen von Hyperfiktionen, die auch absichtlich programmiert sein können. Die Pfade kreuzen bestimmte Texteinheiten mehrmals, um so Ideen zu verbessern, zu ändern oder auch zu revidieren. Ebenso kann Desorientierung, die als ein Nachteil des Hypertextes gilt, in fiktionalen Formen als bewusstes Stilmittel eingesetzt werden, das heißt, der Autor beabsichtigt, den Leser »›möglichst orientierungslos beziehungsweise frei von Vorgaben durch den Text navigieren zu lassen‹« (Winko 1999, 527). Aus den vielfältigen Formen ergibt sich, dass in der Lektüre des Hypertextes die Räumlichkeit der Narration erkennbar wird. Der Leser hat einen mehr oder weniger vorgegebenen Rahmen, in dem er sich durch den Text bewegt und diesen entdeckt: er entscheidet sich für eine Richtung, folgt dieser, stößt eventuell auf Lücken, kehrt um, gelangt an eine Kreuzung und geht in eine andere Richtung und vieles mehr. Dieses Agieren lässt Assoziationen an einen Entdecker zu, der ein unbekanntes Territorium untersucht.

Zwischenfazit

Aus diesen Ausführungen lassen sich für die anschließende Analyse[54] von LOST Kriterien ableiten, anhand derer die These, dass die textuelle Struktur der Serie der eines Hypertextes entspricht, verifiziert werden soll. Wie in der Einleitung bereits erläutert wurde, dienen die drei Hauptmerkmale des Hypertextes – Nonlinearität, Verknüpfungen und aktiver Rezipient – als strukturierende Einheiten. Auf der Basis der Prämisse, dass die Narration in LOST nicht linear organisiert ist, wird untersucht, inwieweit die Handlung fragmentarisiert ist und Informationen dennoch verständlich arrangiert werden können: welche textuellen Strategien ermöglichen eine Betrachtung der Serie als Hypertext? Welchen Einfluss hat das Problem der medialen Linearität und mit welchen Strategien wird diesem entgegen gearbeitet? Da Verknüpfungen elementar für die Konstruktion eines Hypertextes sind, wird LOST dahingehend analysiert, welche Elemente als Verbindungen zwischen den textuellen Einheiten fungieren und welcher Art sind; ob sie intern ein Konstrukt erstellen oder externe Texte einbinden, um Bedeutung zu generieren. Darüber hinaus stellt sich die Frage, inwieweit diese ›Verlinkungen‹, durch die das netzwerkartige Erzählen errichtet wird, sichtbar sind und ob geringe Sichtbarkeit das Verstehen der Serie kompliziert. Anschließend wird das Zuschauerkonzept fokussiert, indem danach gefragt wird, inwieweit das hypertextuelle Leserkonzept Impulse für ein neues Verständnis vom Zuschauer gibt. Welche Erwartungen postuliert ein derartiges Konzept an den Zuschauer? Über welche Formen von Aktivität muss der Zuschauer verfügen, um nicht von der Komplexität überwältigt zu werden und während der Staffeln ›verloren‹ zu gehen. Diese Strukturierung erscheint aufgrund der engen Verzahnung der Eigenschaften konstruiert, soll aber als Fokus auf das jeweilige Hauptmerkmal und nicht als Ausschlussprinzip verstanden werden, so dass diese Perspektiven in den jeweiligen Kapiteln dennoch einfließen.

---

[54] Betont werden muss an dieser Stelle auch, dass in der vorliegenden Studie nicht die Simulation von hypertextuellen Strukturen innerhalb der Handlung analysiert wird, das heißt, inwieweit die Protagonisten als ›Leser‹ agieren und das ›Netz‹ der Insel erkunden, das sich durch neue Orte und Figuren entfaltet. Dies wäre durchaus denkbar und interessant, müsste allerdings im Kontext von Spielstrukturen, digitalen Spielen und den *Game Studies* analysiert werden, welches auch schon teilweise geschehen ist. Steven E. Jones hat LOST unter dieser Perspektive untersucht, welches in seinen Texten *»Dickens on Lost. Text, Paratext, Fan-Based Media«* (2007) oder *»The Game of Lost«* (2008), letzterer veröffentlicht in seinem Buch *»The Meaning of Video Games. Gaming and Textual Strategies«* nachgelesen werden kann.

4. »Whatever the Case May Be« – Hypertextuelle Strukturen in LOST[55]

4.1. »... And Found« – Nonlinearität in LOST

Wie im Zwischenfazit erläutert, werden nun die hypertextuellen Strukturen in LOST zuerst unter dem Aspekt ›Nonlinearität‹ analysiert. Da nonlineares Erzählen in audiovisuellen Medien nicht mehr neu ist und im Film schon erprobt wurde, soll ein kurzer vorangestellter Exkurs dokumentieren, wie ein lineares Medium, das mehr oder weniger restriktiv in einer vorgegebenen Chronologie rezipiert werden muss[56], mit der Linearität der Narration brechen kann. Es gibt inzwischen eine Vielzahl von Filmen, wie beispielsweise MEMENTO (USA 2000, Christopher Nolan), RESERVOIR DOGS (USA 1992, Quentin Tarantino) oder auch PULP FICTION (USA 1994, Quentin Tarantino), in denen mit Nonlinearität experimentiert wird. Julia Eckel (2008) hat in ihrer Masterarbeit neue Tendenzen in der temporalen Gestaltung von filmischen Narrationen kategorisiert und unterschiedliche Formen herausgearbeitet, zu denen unter anderem das in der Zeit zurückgehende[57], das multiperspektivische[58] sowie das puzzleartige[59] Erzählen gehören. Ebenso wie Thomas Elsaesser (2009, 237-263), der sich mit so genannten *mindgame movies*[60] auseinandersetzt, weist auch Eckel (2008, 82) darauf hin, dass diese Phänomene keinesfalls vollkommen neu sind; insbesondere CITI-

---

[55] Episode zwölf, Staffel 1 (1.12)

[56] In der heutigen Zeit gibt es genügend technologische Strategien der Unterwanderung: so gewähren DVDs, *add-on*-Technologien wie TIVO, *Download*-Dateien oder der Video*stream* die Möglichkeit, die chronologische Rezeption durch Anhalten, Zurück- oder Vorspulen sowie *frame-by-frame*-Methodik (vgl. Kap. 4.3.1.) zu verhindern.

[57] Diese Form, als dessen herausragendes Beispiel MEMENTO zu nennen ist, bezieht sich auf das Erzählen in entgegen gesetzter *Plot*-Anordnung, wodurch die Linearität prinzipiell erhalten, aber retrospektiv entfaltet wird (vgl. Eckel 2009, 28).

[58] Multiperspektivisches Erzählen ist das Fragmentarisieren des *Plots* in mehrere Handlungsstränge, die jeweils die Perspektive einer anderen Figur auf das gleiche Ereignis präsentieren. RESERVOIR DOGS nutzt diese Form, um durch figurengebundene Flashbacks einen gescheiterten Überfall und die Ursache dessen aufzudecken (vgl. Eckel 2009, 44ff.).

[59] Puzzleartiges Erzählen bezieht sich auf das Aufbrechen der *Plot*-Chronologie und dem umsortierten Wiedergeben der einzelnen Fragmente, als deren bekanntestes Beispiel PULP FICTION gelten kann (vgl. Eckel 2009, 56).

[60] Ausgehend von der Prämisse, dass das gegenwärtige filmische und televisuelle Erzählen »verwickelter, komplexer, verunsichernder geworden ist« (Elsaesser 2009, 243), lassen sich *mindgame movies* als Filme bezeichnen, die dem Zuschauer Rätsel aufgeben oder diesen vor Probleme stellen und ihn somit aktiv fordern (vgl. ebd. 244). Daraus lässt sich ableiten, dass diese Filme Spiele mit dem Zuschauer spielen, von denen Elsaesser das komplexe Erzählen, und auch das nonlineare, als eine von multiplen Formen des Spiels betrachtet (vgl. ebd. 262).

ZEN KANE (USA 1941, Orson Welles) kann als Beispiel für retrospektives, multiperspektivisches und auch puzzleartiges Erzählen benannt werden. Die zeitgenössischen Filme und auch Serien wie LOST, was im Folgenden zu beweisen sein wird, weisen jedoch keine absolute Demontage der linearen Erzählweise auf. Dies ist vor allem ökonomisch als kontraproduktiv zu betrachten, da die Produzenten, Filmstudios oder TV-*Networks* ihre audiovisuellen Geschichten gewinnbringend erzählen möchten[61]. Der gravierende Unterschied, der sich zu konventionellen Film- und auch Fernsehnarrationen feststellen lässt, ist darin zu sehen, dass mit der »»Dominanz der Linearität«« (Eckel 2008, 11) gebrochen wird:

> Eine nonlineare Narration zeichnet sich durch eine von der chronologischen Abfolge der Ereignisse in der Story abweichenden Anordnung der Plot-Elemente und eine im Hinblick auf die konventionelle Dominanz der Linearität im Film **erschwerte Rechronologisierbarkeit** aus (ebd., 12; Hervorh. d. Verf.).

Daraus lässt sich schlussfolgern, dass in vielen filmischen Narrationen der *Plot* oftmals durch Strategien wie Umkehrung, Verschachtelung, Wiederholung etc. nonlinear gestaltet ist[62]. Infolgedessen ist die Rekonstruierbarkeit der Story komplizierter, aber nicht unmöglich, da das Ziel das Verständnis der Narrationen sein sollte. Zu diesem Zweck werden in der Diegese Konstanten, wie die äußerliche Figurengestaltung oder ein Schauplatzwechsel[63], eingebaut, anhand derer die Zuschauer sich orientieren und zeitliche Veränderungen erkennen können (Eckel 2008, 68ff.).

---

[61] Diese Argumentation soll die unterschiedlichen Formen der rein künstlerisch arbeitenden Filmproduktion ausschließen, da diese für den konkreten Analysegegenstand der vorliegenden Studie, der von einem werbefinanzierten *Network* (ABC) ausgestrahlt und somit den Einschaltquoten als Verkaufsargument unterliegt, keine Relevanz besitzen.

[62] Jason Mittell (2007, 161f.) führt aus, dass jede Narration aus drei Zeitebenen konstituiert ist: die *narration-* oder auch *screen-time* ist vom jeweiligen Medium abhängig und bezieht sich auf das Erzählen und Rezipieren, welches durch gegenwärtige Technologien (vgl. Kap. 2.2.) individuell verändert werden kann; die *story-time* ist die Zeit, die innerhalb der diegetischen Welt vergeht und meistens realistischen Konventionen folgt; und die bereits erwähnte *plot-* oder auch *discourse-time*, die die zeitliche Strukturierung der präsentierten Erzählung ist. Nonlinearität kann in allen drei Zeitebenen vorkommen, wobei die *narration-time* für die strukturelle Analyse einer medialen Narration irrelevant ist. Julia Eckel (2008, 67) wirft die Frage auf, ob ein Film auf allen Ebenen zugleich nonlinear gestaltet und narrativ sein kann, und konstatiert, dass in den meisten Filmen immer eine Ebene der Linearität unterworfen ist.

[63] An sich fungieren Schauplatzwechsel als Signal für den Wechsel des Handlungsstrangs. Kommen die gleichen Charakteren in der Szene vor, kann zugleich ein Zeitsprung signalisiert werden, weil den menschlichen Handlungsträgern das Unterliegen naturalistischer Gesetze unterstellt werden, das heißt, um von einem Ort zu einem anderen Ort zu gelangen, ohne dass auf die vergangene Zeit diegetisch oder extradiegetisch hingewiesen wird, müssen diese eine Reise unternommen haben (vgl. Eckel 2008, 70ff.).

4.1.1. Nonlinearität innerhalb des Serientextes

Eine Serie kann an sich als ein geschlossenes Textsystem betrachtet werden, insofern sie über eine feste Anzahl von Episoden verfügt. Zu den bisherigen 103 ausgestrahlten Folgen der Serie LOST sollen mit der finalen sechsten Staffel im Mai 2010 noch 18 hinzukommen. Ob sie somit als ›statisches Produkt mit einer stabilen Struktur‹ (vgl. Kap. 3.1) betrachtet werden kann, die nach dem Abschluss nicht mehr erweitert wird[64], soll im Folgenden beantwortet werden. Durch die frühzeitige Proklamation des Ausstrahlungsendpunktes und narrativen Abschlusses (vgl. Mittell 2009, 126) wird eine definitive Einheit[65] suggeriert, die dem seriellen Aspekt zu widersprechen scheint[66]. Hinsichtlich der gewählten These in dieser Studie stellen sich die Fragen, welche Elemente des *Plots*[67] als fragmentarische Entitäten fungieren: ob die distinkt wahrgenommenen Episoden als solche betrachtet werden können oder welche anderen strukturellen Einheiten in Frage kommen? LOST zeichnet sich im Gegensatz zu vielen anderen Serien auf der Ebene des *Plots* durch eine sehr offene Gestaltung seiner Handlungsstränge aus, indem diese über mehrere Episoden oder auch ganze Staffeln fortlaufen. Endet ein Handlungsstrang in der Serie wird er, wie bei *serials* üblich (vgl. Mittell 2007, 164), durch neue narrative Rätsel und somit einen oder mehrere

---

[64] Damon Lindelof und Carlton Cuse ließen verlautbaren, dass es nach dem Serienende keine Möglichkeit geben wird, die Narration zu einem späteren Zeitpunkt und/oder in anderen Medien weiterzuführen (vgl. Krannich 2009c).
[65] Die Verifikation dieser Behauptung wird von den Produzenten, die nicht nur mit der Festlegung des Endzeitpunkts, sondern seit Beginn der Serie einen Gesamtplan (ähnlich wie J.K. Rowlings HARRY POTTER-Septologie) erklären, im nächsten Jahr zu beweisen sein. Bisher ist es noch keiner Serie, allen voran TWIN PEAKS (USA 1990-91, ABC) und THE X-FILES (USA 1993-2002, FOX), die ebenfalls eine zusammenhängende Lösung präsentieren wollten, gelungen, den Erwartungen der Zuschauer gerecht zu werden. Interessanterweise proklamiert die neue ABC-Serie FLASH FORWARD (USA 2009-10), als Nachfolger von LOST beworben, aus den Fehlern der Vorgänger ›gelernt‹ zu haben.
[66] Diese Proklamation unterscheidet LOST von vielen anderen, momentan vermutlich von allen Serien. Die ausführenden Produzenten Carlton Cuse und Damon Lindelof bezeichneten ihre Serie im Zuge dieser als »›show with a beginning, middle and end‹« (zit. nach Mittel 2009, 126), welches sehr an eine romanhafte Geschlossenheit erinnert und Askwith (2009, 168) zufolge einzigartig und anormal für das US-Fernsehen ist. Zugleich unterstützt diese Bekanntmachung den anvisierten (und stets behaupteten) *Masterplan* der Produzenten.
[67] Während die *Story* alle Ereignisse und Charaktere umfasst, die zu einer erzählten Welt, der *Storyworld*, gehören, ist der *Plot* das audiovisuelle Präsentieren selektierter Elemente aus dieser. Der Zuschauer kombiniert aus der *Plot*-Darstellung die *Story*, sozusagen das Gesamtbild der Erzählung. Zum *Plot* gehören somit alle in Bild und Ton präsentierten Ereignisse und Faktoren wie zum Beispiel die chronologische Ordnung oder auch das Erzählen von Ereignissen aus multiplen Perspektiven (vgl. Mittell 2010, 217f.).

neue Handlungsstränge ersetzt, die durch das zumeist erstmalige Vorkommen in einem bestehenden Handlungsstrang in Abhängigkeit zu diesem stehen. Neue Rätsel sind oft verbunden mit der Einführung neuer Erzählelemente, wie Charaktere oder Orte, und generieren mehrfache potenzielle Möglichkeiten. In seiner Diplomarbeit hat Markus Reinecke (2007) die Dramaturgie der ersten sechs Folgen der ersten LOST-Staffel analysiert und festgestellt, dass es insgesamt 33 Handlungsstränge gibt, von denen fast alle über mindestens zwei Episoden forterzählt[68] und nicht in jeder aufgegriffen werden. Jede Episode (vgl. Abb. 1[69]) hat durchschnittlich sieben bis neuen Handlungsstränge, die, nicht in jeder Episode und auch nicht gleichzeitig, die Haupthandlung bilden können. Der Grund für diese Strategie ist in dem großen Charakterensemble der Serie mit durchschnittlich 14 Protagonisten pro Staffel zu sehen, die als Träger der Narration durch ihr Agieren mehrere Handlungsstränge auf sich vereinen. Schon für die *Soap* galt, dass ein großer *Cast* größtmögliche *Plot*varianten gestattet (vgl. Allrath et. al. 2005, 24). In der Beispielepisode ›»The White Rabbit«‹ (1.05) ist die Haupthandlung mit insgesamt zwei Erzählsträngen[70] an den *character* Jack Shepard (Matthew Fox) gebunden: während der Haupthandlungsstrang ›Mysteriöse Erscheinung‹ (vgl. Abb. 3, B) von ihm bestritten wird und sich kurz mit einem weiteren (›Lockes (Terry O'Quinn) Glaube an die Insel‹) (vgl. Abb. 3, G) kreuzt, verzweigt sich der andere Haupthandlungsstrang ›Wasserknappheit‹ (vgl. ebd., E) mittels weiterer beteiligter Figuren in und berührt mehrere Nebenhandlungen: ›Romanze Claire (Emily de Ravin) und Charlie (Dominic Monaghan)‹ (vgl. ebd., F),

---

[68] Insgesamt würden nur fünf Handlungsstränge in einer Episode beendet werden, zu denen Reinecke ebenfalls den Strang ›Wasserknappheit‹ (vgl. Abb. 3 der vorliegenden Studie, E) zählt. Allerdings widerspricht er (2007, 124f.) sich hier offensichtlich, da er trotz der abschließenden Darstellung in seinem Schema zu 1.05, ›»White Rabbit«‹ diesen in 1.06 ›»House of the Rising Sun«‹ als fortlaufend skizziert. Aufgrund dessen müssen die Ergebnisse und absoluten Zahlen Reineckes ohne Gewähr betrachtet werden, sollen dennoch in dieser Studie als Veranschaulichung der hohen Anzahl genutzt werden.

[69] Aus Reineckes Schema (vgl. Abb. 3) lassen sich anhand der oberen Leiste die Anzahl der Handlungsstränge und deren Präsenz innerhalb des Plots ablesen, während die untere die Dauer dieser, die *screen-time*, visualisiert und so die Haupthandlungen herauskristallisiert werden. Die unterschiedliche Farbgebung bezieht sich auf Handlungsstränge, die in früheren Episoden begonnen haben, so symbolisiert ›lila‹ 1.04, ›grün‹ 1.03, ›rot‹ 1.01 und ›gelb‹ 1.05, die aktuelle Episode.

[70] Kurz zusammengefasst beinhaltet der *Plot* dieser Episode das Problem, dass das Trinkwasser nach sechs Tagen auf der Insel zu Neige geht (›Wasserknappheit‹) und Jack sich weigert, die Rolle des designierten Anführers zu übernehmen und dieses Problem zu lösen. Während die Überlebenden am Strand mit den Folgen des Wassermangels zu kämpfen haben, verfolgt Jack die mysteriöse Erscheinung seines verstorbenen Vaters, die ihn zu einer Quelle führt. In den *Flashback*-Sequenzen wird zudem anhand des Vater-Sohn-Konfliktes der Grund für Jacks Hadern enthüllt.

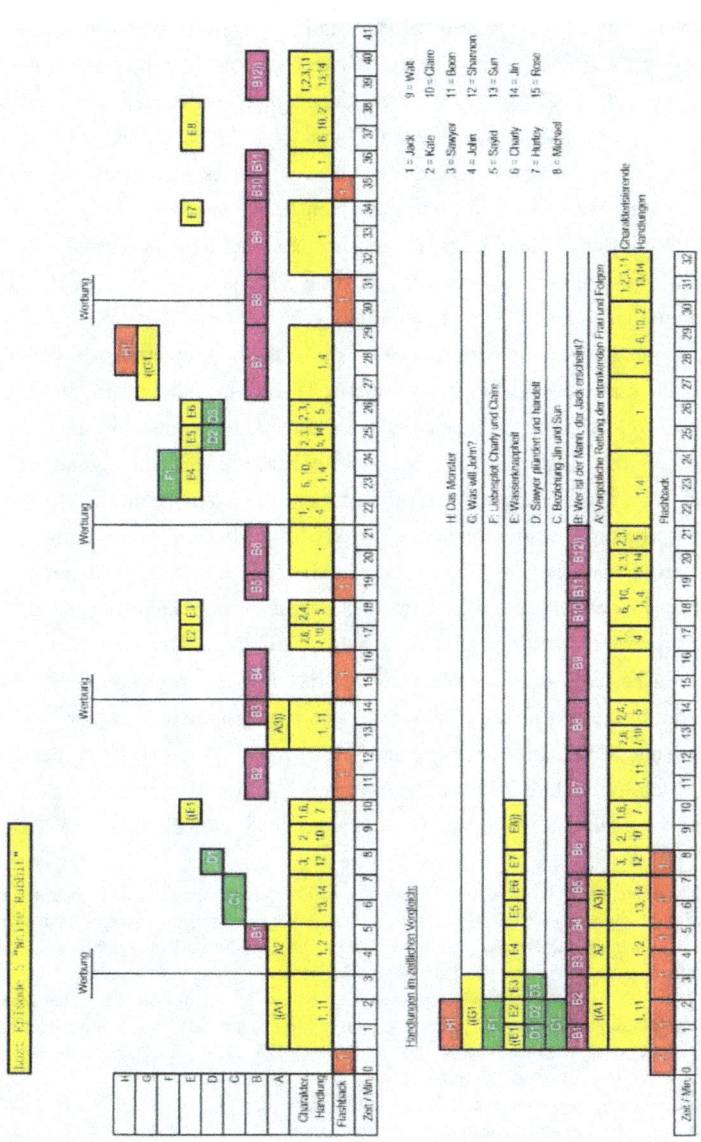

Abbildung 3: Handlungsaufbau »White Rabbit« nach der Darstellung von Reinecke (2007, 124).

›Sawyers‹ (Josh Holloway) Betrügereien‹ (vgl. ebd., D) und ›Boones (Ian Somerhalder) Führungsanspruch‹ (vgl. ebd., A). Generell verfügt LOST über multiple kohärente Handlungsstränge, die zurückgestellt und zu einem späteren Zeitpunkt weitergeführt werden[71] können; aufgrund dieses offenen Charakters können die einzelnen Handlungsstränge nicht als Informationseinheiten im Sinne eines Hypertextes betrachtet werden. Ebenso verhält es sich mit den einzelnen Episoden: jede verfügt über eine hohe Anzahl von offenen Handlungssträngen, so dass sie nicht als Abschluss dieser gelten können. Episoden präsentieren den Zuschauern einen Ausschnitt des Serientextes und fungieren so als Hypertexte innerhalb größerer Netze, als welche die Staffeln und die gesamte Serien betrachtet werden können. Die Auswertung der Beispielepisode »White Rabbit« enthüllt eine thematische *Cluster*bildung, die charakteristisch für die einzelnen LOST-Folgen ist. Titel, Haupthandlung(en) und auch *Flashbacks* hängen oft thematisch zusammen und offenbaren eine latent vorhandene *series*-Struktur[72]. Diese ist allerdings deshalb vermeintlich, weil Handlungsabschnitte nur wegen des Beitrages zum aktuellen Konflikt auf der Insel als abgeschlossen betrachtet werden können, es aber möglich ist, sie im Laufe der Staffeln immer wieder aufzugreifen und zu erweitern[73]. Der thematische Schwerpunkt kann verglichen werden mit den temporären Zentren in rhizomatischen Strukturen. Diese Zentren können auf Charakteren basieren oder nur auf Themen, da in einigen Episoden *Flashbacks* von mehreren unter einem jeweiligen Aspekt, wie die Ereignisse kurz vor dem Abflug von »Oceanic 815«, eingeflochten sind (1.23-25, 4.02, 4.12-14). Im Unterschied zum Rhizom etabliert nicht der aktive Rezipient nach seinen Interessen das Zentrum, sondern die Autoren und trotz thematischer Schwerpunkte ist Kohärenz innerhalb der

---

[71] In diesem Zusammenhang muss unter anderem Ziegenhagen (2009, 28), die behauptet, dass »[v]iele narrative Stränge […] ins Leere [laufen] und […] offen [bleiben]««, widersprochen werden, weil eine derartige Behauptung erst aufgestellt werden kann, wenn die Serie abgeschlossen ist, und diese darüber hinaus dem hypertextuellen Konzept widerspricht.

[72] Mittel (2009, 125) weist auf einen sehr gravierenden Unterschied von LOST zu vielen anderen Serien hin: der vollkommene Verzicht auf so genannte »*Monster-of-the-Week*«-Episoden, was momentan nur von einigen wenigen, wie 24 (USA 2001-10, FOX), HEROES (USA 2006-10, NBC) oder FLASH FORWARD (USA 2009-10, ABC) geteilt wird.

[73] Der aufgelöste Handlungsstrang ›Wasserknappheit‹ wird in der folgenden Episode (1.06 »The House of the Rising Sun«) erweitert, da aus diesem insgesamt drei neue Handlungsstränge resultieren: a) der Umzug der Überlebenden in die Höhle, b) die Trennung der Überlebenden, da ein Teil am Strand auf Rettung warten will, und c) die mysteriösen Skelette, die Kate (Evangeline Lilly) in der Höhle findet. Während die ersten beiden Handlungsstränge in den anschließenden Episoden der ersten Staffel fortgeführt und auch beendet worden sind, ist der dritte, die Skelette, bis zum Ende der fünften Staffel nicht aufgelöst worden.

Episodenstrukturierung nicht zwingend erforderlich, deshalb können auch Handlungsabschnitte präsentiert werden, die keinen Sinnzusammenhang zu dem thematischen Schwerpunkt aufweisen und relativ unverbunden eingefügt erscheinen; in ››White Rabbit‹‹ ist dies der Erzählstrang ›Beziehung Sun und Jin‹ (vgl. Abb. 3, C). Prinzipiell sind die Handlungsstränge nicht zusammenhängend organisiert, sondern durch nonlineare Erzählstrategien aufgebrochen, wodurch das Aneinanderreihen von Lexien simuliert wird.

Abbildung drei zeigt anhand der linearen Sortierung im oberen Teil die Fragmentierung und Überschneidung einzelner Handlungsabschnitte, welches durch die unterschiedliche Farbgebung verdeutlicht wird. Der untere Bereich bildet die thematischen Schwerpunkte, ›Mysteriöse Erscheinung‹ in lila und ›Wasserknappheit‹ in gelb (Abb. 3 mittlerer Strang), durch die Addition der *screen time* (vgl. Fußnote 61) ab. Da jeder kleine Abschnitt, so unverbunden er auch erscheinen mag, Informationen für die weitere Narration enthält und diese erweitert, können die fragmentierten Abschnitte der Handlungen als Informationseinheiten im Sinne des Hypertext-Konzeptes verstanden werden. Erst durch die Verbindungsleistung des Rezipienten, indem er die einzelnen Fragmente ihrem jeweiligen Handlungsablauf zuordnet, entfaltet sich das narrative Netzwerk und es entsteht ein stimmiges Bild (vgl. Abb. 3 unten).

4.1.1.1.   Gleichzeitigkeit – das Spiel mit dem Raum?

Die vielen Erzählstränge in LOST sind in sich kohärent und auch kausal gestaltet, um so dem Zuschauer deren Verstehen zu ermöglichen (vgl. Kap. 3.1). Voraussetzung dafür ist, dass die dargestellten Ereignisse eine Auswirkung auf die Narration haben (vgl. Mittell 2010, 217) und die diegetische Zeit, die *story-time*, realistischen Konventionen folgt (vgl. ebd., 223). Die Präsentation des *Plots* bricht allerdings damit und organisiert die Fragmente mittels nonlinearer Erzählstrategien ohne ein derartiges Ordnungsprinzip. Infolgedessen entsteht eine Struktur, die vom Zuschauer verlangt, die *Story* nach konventionellen Ordnungsprinzipien, Chronologie und Kausalität, zu rekonstruieren (vgl. Kap. 4.3). Die scheinbar unverbundene Aneinanderreihung der einzelnen Handlungsabschnitte reflektiert die Zufälligkeit, die in rhizomatischen Strukturen die Entwicklung einer Erzählung kennzeichnet, und simuliert so die beliebige Anwählbarkeit der Lexien, die ansonsten innerhalb eines televisuellen Textes nicht umgesetzt werden kann. In LOST erweist sich dieses Reihungsprinzip unter anderem als Methode, die ››ausgeprägte Gleichzeitigkeit der Ereignisse‹‹ (Ziegenhagen 2009, 28) aufzuzeigen. Die Handlungsstränge kreuzen und verzweigen sich nicht nur, sondern werden durch gleichzeitig ablaufende fragmentarisiert. An sich ist Parallelität kein nonlineares Erzählmittel in audiovisuellen Narrationen, doch die hohe Anzahl der gleichzeitig ablaufenden Handlungsstränge, die in LOST durch heterogenes Agieren der Figuren hervorgerufen wird – in der Beispielepisode »White Rabbit« sind zum Beispiel elf der 14 Protagonisten beteiligt – führt durch die *Plot*-Präsentation zu einer Störung der linearen Erzählweise.

Abbildung vier visualisiert exemplarisch das Strukturierungsprinzip ›Parallelität‹ der Inselhandlung anhand des Finales des dritten Staffel[74] (3.22/3.23 „Through the Looking Glass"), indem die Handlungsfragmente schematisch vereinfacht dargestellt werden. Während die untere Leiste die Abhängigkeit der Konstruktion von der medialen Linearität und so die Segmentierung verdeutlicht, zeigt das obere Schema, wie sich durch das Zuordnen der Fragmente zu den jeweiligen Handlungssträngen nach kausalen und chronologischen Aspekten das räumliche Erzählen entwickelt. Diese vier parallelen Haupthandlungsstränge werden anhand der aufgeteilten Charaktere fokussiert, damit die relevanten Ereignisse in der Doppelepisode besser dargestellt werden können. Doch auch innerhalb der einzelnen Fragmente kreuzen weitere, wie das ›Beziehungsquartett Jack-Kate-Sawyer-Juliet‹, die Narration; eine derartige Vernetzung ist im Rahmen dieser Analyse grafisch jedoch nicht darstellbar. Neben der sichtbaren sequentiellen Entwicklung wird deutlich, dass die Handlungsstränge nicht nur parallel nebeneinander ablaufen, sondern auch untereinander vernetzt sind. Die Bewegungen der Charaktere im Raum, Benjamin Linus und Alexandra (Tania Raymonde) sowie John Locke treffen auf die Überlebenden, und die mediale Kommunikation, Ben spricht mit den Angreifern des Strandlagers und mit Mikhail Bakunin

---

[74] In dieser Doppelepisode, deren diverse Handlungsstränge aufgrund des Staffelfinales eng verbunden sind beziehungsweise sich auf ein Ziel fokussieren, versuchen die Überlebenden von »Oceanic 815« Kontakt zu der Außenwelt aufzunehmen. Dies wird ihnen ermöglicht, da ein paar Episoden zuvor eine neue Figur aufgrund eines Fallschirmabsprungs auf der Insel gelandet ist, die ein Satellitentelefon besitzt. Da der Funkkontakt nach außen zum einen durch die Unterwasserstation geblockt wird, versuchen Charlie und Desmond (Henry Ian Cusick) dies rückgängig zu machen (blaue Fragmente). Zum anderen verhindert ein Tonband, das vom Radioturm aus gesendet wird, das Telefonieren. Da gleichzeitig das Strandlager der Überlebenden durch einen drohenden Angriff der ›Anderen‹ gefährdet ist, wandert ein Großteil der Gruppe zum Radioturm (orangefarbene Fragmente), während Bernard, Jin und Sayid zur Verteidigung des Lagers zurückbleiben (gelbe Fragmente). Unterdessen versucht Ben (Michael Emerson) die Überlebenden davon abzuhalten, Kontakt zu der Außenwelt aufzunehmen, um die Insel zu beschützen (rote Fragmente); warum die Insel beschützt werden muss und die Überlebenden dazu gehören, kann noch nicht beantwortet werden, weil es Teil eines bisher ungelösten Rätsel ist.

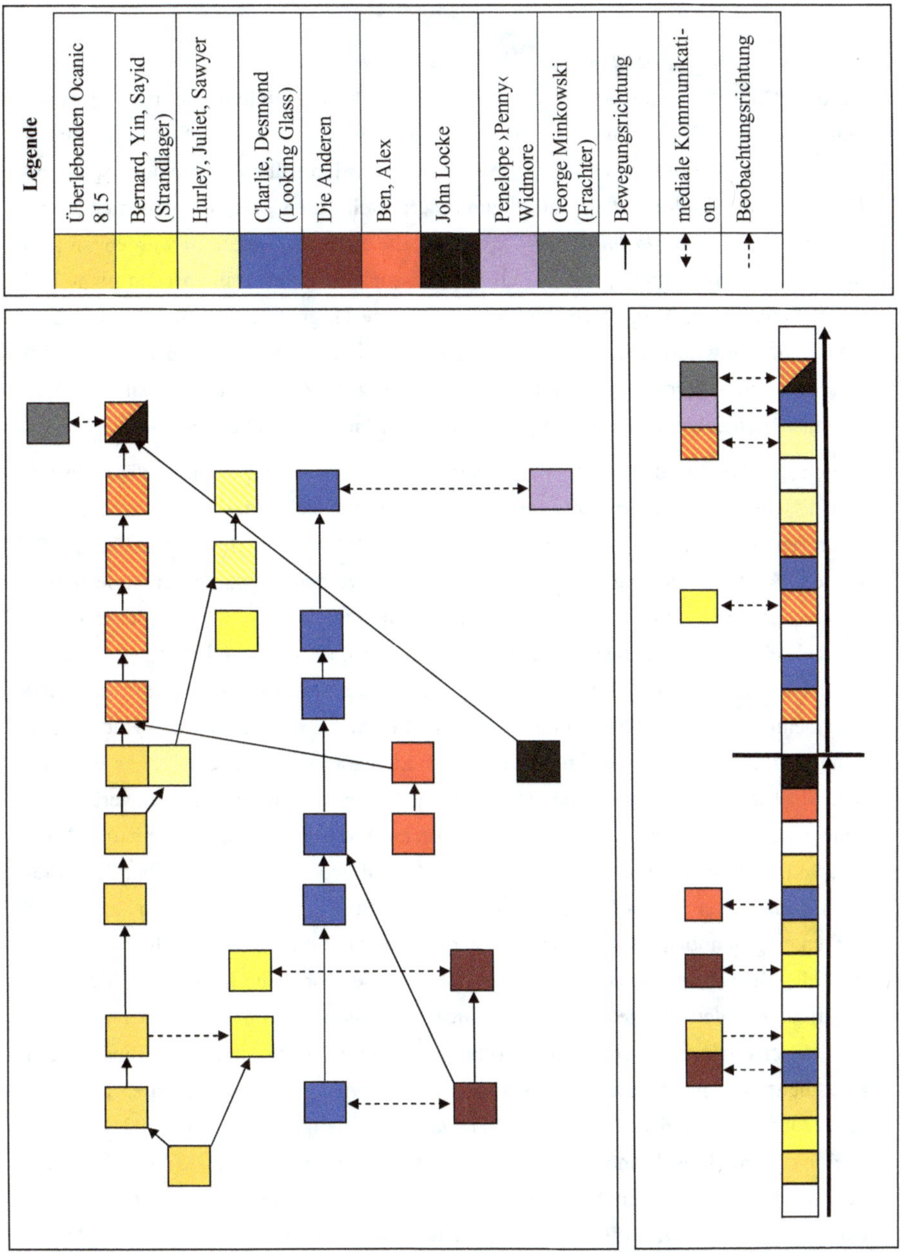

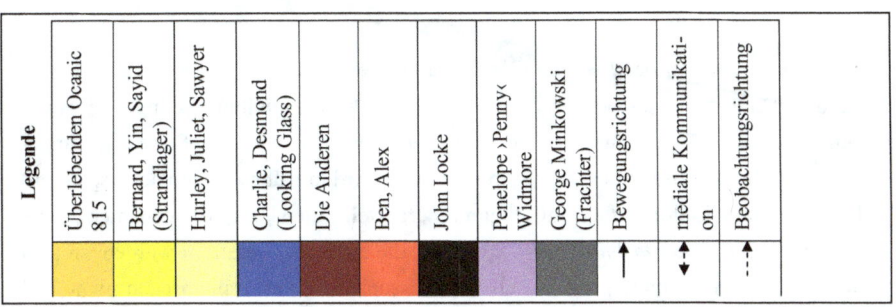

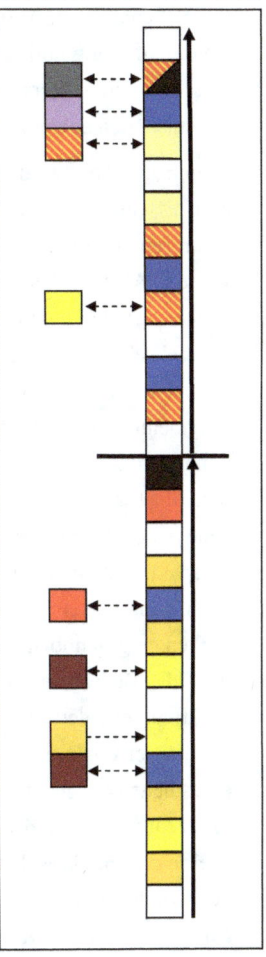

Abbildung 4: parallele Plot-Entwicklung von »Through the Looking Glass« (3.22/23); eigene Darstellung

(Andrew Divoff) in der *Looking Glass*-Station, verbinden die einzelnen Handlungsstränge. Darüber hinaus werden durch das Telefon neue Handlungsstränge eingebunden. Allerdings ist die mediale Kommunikation bis dahin in der Serie eher ungewöhnlich; Verknüpfung der parallelen Handlung wird in früheren (und auch späteren) Episoden hauptsächlich durch die Figuren hergestellt, die sich in permanenter Bewegung befinden. Die *Flashforward*-Sequenzen, die erstmals eingeführt werden, sind an dieser Stelle im Netzwerk strukturell nicht zuzuordnen und deshalb auch nicht Teil des Schemas (vgl. Abb. 4). Sie sind eingeschobene Fragmente, wodurch Verwirrung, Desorientierung und auch Spannung entsteht. Ihr Sinn erschließt sich den Zuschauern erst durch die späteren Wiederholungen in den Folgen 12 bis 14 der vierten Staffel, in denen sie den entsprechenden Fragmenten zugeordnet werden können.

Gleichzeitigkeit wird darüber hinaus auch mittels der Multiperspektivität, ›Rashomon-Effekt‹ genannt, erreicht, das heißt, dass der gleiche Handlungsabschnitt aus mehreren Blickwinkeln erzählt wird (vgl. Mittell 2006, 37). Bestimmte Ereignisse, wie der Absturz des Flugzeuges ››Oceanic 815‹‹, werden im Laufe der Serie immer wieder aufgenommen und aus einem anderen Blickwinkel visualisiert. Der Perspektivwechsel hat eine ergänzende Funktion, denn durch diese ››Wiederkehr des Immergleichen‹‹, um mit Eco s (2002, 160) Worten zu sprechen, werden der Narration neue Fragmente zugefügt. Diese enthalten Informationen für die Lösung des Rätsels und können zugleich durch die Einführung neuer Elemente auch weitere Fragen generieren. Mit hypertextuellem Vokabular ausgedrückt wird das narrative Netzwerk durch neue Knoten erweitert, aus denen neue Verzweigungen entstehen können. Multiperspektivität fragmentiert den *Plot* durch die nicht geordnete Wiedergabe, denn diese Informationseinheiten werden aus ihrer Linearität herausgebrochen und an anderen Stellen eingeschoben, ohne in direkter Verbindung zu diesen zu stehen. Infolgedessen wird die Bedeutungsgenerierung verzögert und/oder auch durch die zusätzlich Perspektive verändert. Zugleich wird von anderen Ereignissen, deren Weiterführung eigentlich erwartet wird, abgelenkt, wodurch es wie ein Umkehren oder Einschlagen eines neuen Weges in einer Hypertext-Umgebung wirkt. Die Informationen über den Flugzeugabsturz sind in LOST über drei Staffeln verteilt: in 1.01 und 1.02 wird das Ereignis exemplarisch anhand dreier Charaktere (Jack, Charlie, Kate) aus der Sicht der Überlebenden, die im Mittelteil des Flugzeugs saßen, gezeigt, welches als Ausgangspunkt dieses Narratives gesehen werden kann; in 2.07 ››The Other 48 Days‹‹ wird der Absturz des Heckteils dargestellt, der die gesamte Narration mit neuen Figuren und multiplen Handlungssträngen erweitert; 2.23 »Live Together, Die Alone – Part One« erläutert anhand von Desmond Humes Perspektive die Gründe für den Absturz, während in 3.01 »The Tail of Two Cities« mittels des Ereignisses, das von den ›Anderen‹ beobachtet wird, weitere Figuren in die Narration eingeführt werden, obwohl sie bereits in den vorherigen Staffeln Teil des *Plots* gewesen sind. Zugleich fungiert diese Methode als Teil des puzzleartigen Erzählens, insofern Rätsel gelöst (Warum ist »Oceanic 815« abgestürzt?) und neue generiert werden (Wieso leben die ›Anderen‹ in einer zivilisatorischen Infrastruktur, obwohl die Insel bisher als Wildnis und diese Figuren als Wilde konnotiert gewesen sind?). Abbildung fünf visualisiert die beschriebene Multiperspektivität des Ereignisses, indem bis zu fünf unterschiedliche Perspektiven (oben rechts) innerhalb eines Bildrahmens zusammengeschnitten werden: zum Beispiel verdeutlicht das auseinanderbrechende Flugzeug (vgl. unten links) die Synchronität der Sequenzen.

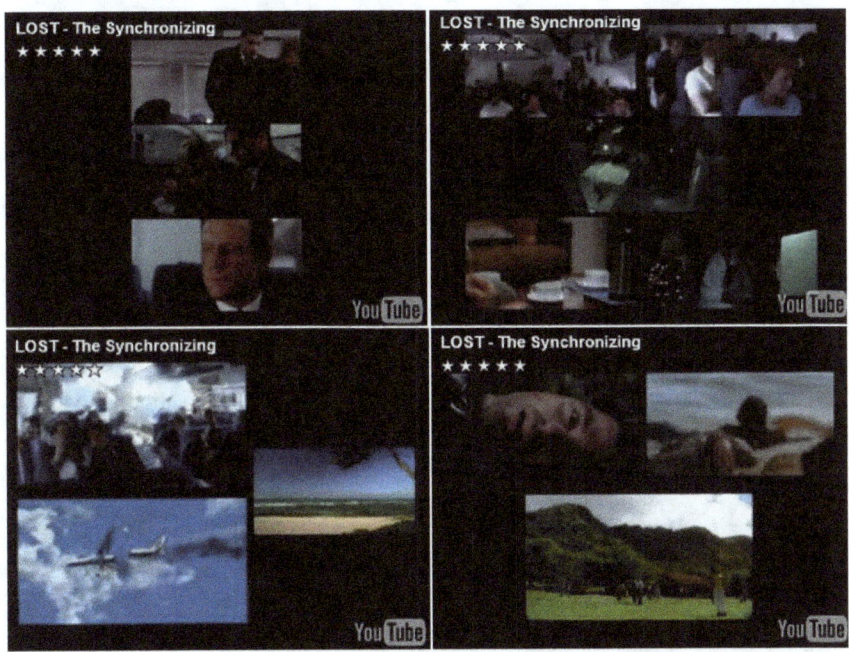

Abbildung 5: visualisierte Synchronisierung des Flugzeugabsturzes;
Ausschnitte aus einem Fan-Video[75]

---

[75] Quelle: http://mediacommons.futureofthebook.org/imr/2008/02/15/synchronizing-complexity.

4.1.1.2. *Tempus fugit – das Spiel mit der Zeit!*

Die prominenteste und meist praktizierte Methode des nonlinearen Erzählens in LOST ist der *Flashback*, der, ebenfalls fragmentiert, die sequentielle Entwicklung des *Plots* stört. Während diese Methode in den ersten drei Staffeln stringent eingesetzt wird, nimmt die Häufigkeit in Staffel vier und fünf zugunsten anderer zeitlicher Erzählformen ab, ohne vollends auf sie zu verzichten. Wie zu Beginn dieses Kapitels ausgeführt worden ist, sind *Flashbacks* an sich kein Novum in audiovisuellen Narrationen und werden als »gegenwärtiger Erinnerungsvorgang« (Eckel 2008, 21) eingesetzt. Das Besondere an deren Einsatz in LOST ist, dass sie kaum von konventionellen Einleitungen[76] begleitet werden, sondern oftmals unvermittelt und unmotiviert erscheinen. Der Grund ist in der Unverbundenheit zu den vorherigen Handlungsfragmenten zu sehen: die *Flashback*-Sequenzen fungieren zwar als Erweiterungen, Kommentierungen des Inselgeschehens und ermöglichen Querverweise zwischen der Vergangenheit und Gegenwart der Charaktere, dennoch sind sie keine direkt verknüpfte Erinnerungsleistung des jeweiligen zentralen Protagonisten. Das bedeutet, dass diese Handlungsstränge ebenso fragmentarisiert und in den *Plot* verwoben sind wie die übrigen Erzählsegmente. Drangsholt (2009, 213) ist zwar insoweit zuzustimmen, dass die *Flashbacks* durch diegetische Wahrnehmungen visueller, auditiver oder sensorischer Natur erzeugt werden. In der Regel finden diese aber nicht vor jeder Sequenz statt, sondern nur einmal im Laufe einer Episode, welches zu der Schlussfolgerung führt, dass der Erinnerungsvorgang strukturell dieser Szenen zuzuordnen ist.

Ebenso wie die Parallelität und die Multiperspektive brechen *Flashbacks* mit der sequentiellen *Plot*-Entwicklung, indem die Erzählrichtung umgekehrt wird. Sie wirken wie eine Simulation des Umkehrens und Suchens nach weiteren Informationen im Hypertext, während die später einsetzenden *Flashforwards*[77] Informationen enthalten, die mit dem Wissensstand noch nicht nachvollzogen werden können. Konträr zu den beiden zuvor genannten Methoden, Parallelität und Multiperspektivität, erzeugen Er-

---

[76] Abgesehen von den eventuellen Großaufnahmen des sich erinnernden Charakters, der meist keine Erinnerungsaktivität aufweist, verbunden mit dem charakteristischen »whoosh!« (Mittell 2007, 265) oder auch mit einem extradiegetischen Sound, der zum diegetischen der *Flashback*-Sequenz wird, gibt es keine Einleitungen.

[77] Die Vorausblenden werden ab dem Ende der dritten Staffel als neues Stilmittel in Kombination mit den bestehenden etabliert und zeigen nur die Zukunft der so genannten »Oceanic Six« – Jack, Hurley, Kate, Sun (Yoo-Jin Kim), Sayid (Naveen Andrews) und Baby Aaron (wechselnde Darsteller) – die als einzige die Insel nach 100 Tagen verlassen (Ende der vierten Staffel), während die restlichen Überlebenden zurückbleiben (vgl. Kap. 4.2.2.).

innerungen und Vorausblenden eine differenzierte Zeitlichkeit und verhindern somit, dass der Beginn der Serie als Anfang der Geschichte betrachtet werden kann. Bereits die Eröffnungssequenz der Pilotepisode[78], die laut Abbott (2009, 15) den Horror und die Desorientierung eines Flugzeugabsturzes einfängt, konfrontiert den Zuschauer mit einem vermeintlichen Anfang. Die dargestellte und auch vom Rezipienten erfahrbare Desorientierung durch das emotionale Spektakel übermittelt einen entscheidenden hypertextuellen Aspekt: beim Vergleich mit konventionellen Katastrophenfilmen wie AIRPORT (USA 1970, George Seaten/ Henry Hathaway), die sich von der Vorgeschichte über die Szenerie am Flughafen, den Flug, die Katastrophe (und meist die geglückte Landung beziehungsweise Ausgang) entwickeln, lässt sich feststellen, dass LOST mitten in einem derartigen Erzählstrang beginnt. Durch die *Flashback*-Sequenzen in Verbindung mit der Multiperspektive werden die Fragmente sukzessive, aber nicht chronologisch, enthüllt, die, richtig sortiert, die Vorgeschichte und den Grund des Absturzes beinhalten und zugleich durch die Generierung neuer narrativer Rätsel an weitere Texteinheiten geknüpft sind. Aus diesen Beobachtungen kann konkludiert werden, dass sich der Anfang der gesamten Narration nicht bestimmen lässt, da die *Flashbacks* oftmals mit zeitlich weit zurückliegenden Narrativen verbunden sind. Im Netzwerk der Narration kann der Insel-*Plot* mit den multiplen, vernetzten Erzählungen durch die televisuelle Präsentation insoweit als übergeordnetes temporäres Zentrum gelten, als dass die vielen anderen Narrative, die als Teil der *Storyworld* existieren, sich um dieses Zentrum gruppieren. Einige dieser werden ausschnittweise präsentiert, sind mit diesem verbunden und könnten jederzeit fokussiert werden, was auf der Episodenebene anhand des thematischen Schwerpunktes umgesetzt wird.

Um Orientierung innerhalb dieses zeitlich konfusen Netzwerkes zu erhalten, sind die *Flashbacks* ebenso wie die *Flashforwards* an der *Mise-en-scène* der jeweiligen Sequenzen erkennbar. Da die Inselnarration bis zu einer Rettung der Überlebenden nur innerhalb dieses Raumes stattfinden kann, ermöglicht dieser die Zuordnung, ob eine gegenwärtige, zukünftige oder retrospektive Sequenz zu sehen ist. Räumlichkeit fungiert infolgedessen als orientierende Konstante und nur, wenn der Raum der Hand-

---

[78] Die Serie beginnt mit der Großaufnahme des Auges von Jack Shepard, der allein im ruhigen Dschungel erwacht. Nachdem der Charakter sich eilig zum Strand begeben hat, findet ein regelrechtes ›Bombardement‹ aus Bildern, eine Kombination aus Handkamera und Kranfahrten (vgl. Abbott 2009, 15), und diegetischen Geräuschen erzeugt von Turbinen und schreienden Menschen statt.

lungen identisch ist, werden nondiegetische Hilfsmittel verwendet[79]: zum Beispiel werden Rückblenden auf Texteinheiten, die ausgelassene Informationen des Inselgeschehens nach dem Absturz enthalten, wie Michael Dawsons (Harold Perrineau) Aufenthalt bei den ›Anderen‹ in 2.22 ››Three Minutes‹‹, mit Zwischentiteln eingeleitet. Elementar wird diese Form der Orientierungshilfe mit der vorübergehenden Gabelung des übergeordneten Handlungsrahmens am Ende der vierten Staffel, da ein Teil der Überlebenden von der Insel ›gerettet‹ wird. Durch die räumliche Trennung der Charaktere in ›Außenwelt‹ und ›Insel‹ wird das übergeordnete Zentrum gespalten und temporär zwei getrennte etabliert, deren ›Eigenständigkeit‹ durch zwei differente nonlineare Erzählstrategien verstärkt wird: während das Narrativ ›Außenwelt‹ in der fünften Staffel im Jahr 2007, der Zeit der vorherigen Zukunft, wiederaufgenommen und nach LOST-Konventionen in *Flashbacks* erzählt wird[80], erhält die Serie im zweiten Handlungsstrang ›Insel‹ eine weitere Komponente im Spiel mit der Zeit. Es wird auf die bisherige Störung der *Plot*-Ebene verzichtet und mit den Zeitreisen[81] die *Story* fragmentiert, so dass die Vergangenheit nicht mehr den realistischen Konventionen der chronologischen Progression unterliegt (vgl. Mittell 2007, 161/ 2010, 224). Infolgedessen kann nicht mehr angenommen werden, dass sich die *Story* von ››moment

---

[79] Diese Hilfsmittel können zum Zweck der Desorientierung auch ausgelassen werden: insbesondere die ersten *Flashforward*-Sequenzn in 3.22/23 wird aufgrund der Räumlichkeit als Rückblick wahrgenommen und enthüllt erst in der letzten Einstellung, Jacks und Kates Treffen am Flughafen, dass sich die gezeigten Ereignisse auf eine bisher nicht vorhandene Zukunft bezieht. Zuvor gibt es einige Hinweise, die als verschlüsselte Hilfsmittel verstanden werden können und die veränderte Zeitlichkeit erahnen lassen: neben Jacks Bart (Figurengestaltung), das Handy, dessen Modell erst Ende 2006 auf den Markt kam (vgl. Lostpedia/Hinter_dem_Spiegel,_Teil_1) und auch der Zeitungsausschnitt aus der L.A. Times, die auf den 5.4.2007 datiert ist. Des Weiteren weist ein *Easter-Egg* auf die neue Methode hin: der Name des Bestattungsinstitutes ››Hoffs/Drawler‹‹ ist ein Anagramm für *Flashforward* (vgl. Lostpedia/Hinter_dem_Spiegel,_Teil_2).
[80] Da durch die *Flashforwards* der vierten Staffel die Ereignisse, die in der *Storyworld* zwischen der Rettung und der Sarg-Szene stattfinden, weitestgehend bekannt sind, werden ansonsten lediglich einige wenige *Flashbacks* eingeschoben. Dazu gehören die Sequenzen auf dem Boot von Penny, die mittels eines Schriftzuges als ››Three Years Ago‹ (5.02 ››The Lie‹‹) bezeichnet werden, wodurch 2007 als Gegenwart der ››Oceanic Six‹‹ bestätigt wird. Weitere Rückblenden hinsichtlich der Gründe, warum jeder der ››Oceanic Six‹‹ sich doch auf Flug ››Ajira 316‹‹ befindet, und die Besuche von John Locke zuvor bei jedem Einzelnen, werden in einzelnen durchgängig erzählten Episoden visualisiert (5.06 ››316‹‹, 5.07 ››The Life and Death of Jeremy Bentham‹‹).
[81] Im Gegensatz zu den elliptischen Strategien, *Flashback* und *Flashforward*, sind die Zeitsprünge durch ein weißes, blendendes Licht und ein lautes diegetisches Surren stark markiert. Da weißes Licht ein Signal für den Tod in audiovisuellen Narrationen ist, kann überlegt werden, ob dieses Weiß, das auch im Finale der fünften Staffel statt eines schwarzen Bildschirmes zu sehen ist, metaphorisch das Ende dieser Zeitebene bedeutet.

to moment‹‹ (ebd.) entwickelt. Stattdessen geht sie in der Zeit vor oder zurück, berührt unterschiedliche Zeitpunkte und entwickelt sich somit schleifenartig. Anhand bekannter Elemente, wie Aarons Geburt (1.19 ››Deus Ex Machina‹‹, 5.04 ››The Little Prince‹‹), die den Zuschauern als Orientierungshilfe dienen, wird das Kreuzen der Zeitebenen deutlich. Während der Insel-*Plot* sich chronologisch entfaltet, um dem Zuschauer das Verstehen zu ermöglichen, wird er, um nicht ganz auf die Fragmentarisierung zu verzichten, durch den zweiten Haupthandlungsstrang unterbrochen, der sich auch weitestgehend sequentiell entwickelt. Infolgedessen sind beide temporären Zentren immanent verzweigt und untereinander vernetzt[82].

Aufgrund der häufigen Verwendung dieser verschiedenen Erzählstrategien, *Flashback*-Sequenzen werden zum Beispiel durchschnittlich fünfmal pro Folge eingeschoben, ergibt sich die bereits erwähnte Aneinanderreihung der *Plot*-Fragment, die die serielle Erzählung in LOST dominiert. In Verbindung mit dem strukturellen Netzwerk, das der Narration unterliegt, ist diese in sich offen und komplex gestaltet, dass die Bedeutungsgenerierung während der linear ablaufenden Erstrezeption, die bei Fernsehserien prinzipiell erwartet wird, schwierig ist. Zwar sind die dargestellten Fragmente nicht vollkommen unsortiert und beliebig ausgewählt, wie es in nicht hierarchisierten Hypertexten möglich wäre, sondern übermitteln Informationen, die es dem Zuschauer ermöglichen sollen, Zusammenhänge zu erkennen und die Puzzleteile dem Gesamtbild zuzuordnen. Auch neue Einheiten stehen meistens in Verbindung zu anderen, denn zu viele unverbundene Fragmente würden zu einer Frustration beim Zuschauer führen. Vergleichbar ist diese Gestaltung mit der Kohärenzplanung von Hyperfiktionsautoren, die die Auswahl der Informationseinheiten abhängig vom Leseweg machen können, ohne dass die Erzählung linear gestaltet wird. Prinzipiell besteht bei LOST das Problem, dass aufgrund der Einheit des gesamten Serientextes die einzelnen Episoden von früheren abhängig sind. Dadurch wird das gesamte Netzwerk

---

[82] Erst mit dem Absturz der zweiten Maschine (ab 5.06 ››316‹‹), bei dem Jack, Kate, Sayid und Hurley in die Gegenwart der auf der Insel Zurückgebliebenen (1977) eintreten, während die restlichen Passagiere (unter anderem Ben, John und Sun) auf der Insel des Jahres 2007 landen, gibt es eine Berührung zwischen diesen Haupterzählsträngen. Alle zwischenzeitlich relevanten Informationen (John Lockes Besuche und die drei Jahre auf der Insel) werden ab der ersten Begegnung der Zurückgebliebenen mit den Vieren (5.06 ››316‹‹) in zwei linear gestalteten Episoden (5.07/ 5.08 ››LaFleur‹‹) vermittelt, was für die Serie LOST eine ungewöhnliche Methode ist. Durch das Wiederaufnehmen der eben erwähnten Begegnung in der letzten Szene der achten Episode (5.08) wird strukturell eine Schleife geschlossen, die Zeiten der Erzählstränge synchronisiert und der Zeitbezug zwischen Vergangenheit (1977) und Gegenwart (2007) durch Zwischentitel (››Thirty Years Earlier‹‹) expliziert, da sich nun alle Akteure innerhalb eines Raumes befinden.

unzugänglich für neue Zuschauer. Auch ist es aufgrund der Fülle an Informationen, aussetzenden beziehungsweise unterbrochenen Handlungssträngen und der Komplexität des textuellen Netzes für den Zuschauer schwierig, sich zurechtzufinden. Dieser Gefahr, die zum Aufgeben oder zu einer anderen Rezeptionsform und infolgedessen zu Quotenverlusten führt (vgl. Kap. 4.1.2. und 4.3.1.), wird durch Redundanz und nondiegetischen Hilfsmitteln versucht entgegenzuwirken. Die vielen Wiederholungen und multiperspektivischen Erzählstränge dienen, ebenso wie die *Recaps* zu Beginn, der Präsentation relevanter Textfragmente oder Informationen, die die Basis für die weitere Erzählung bilden. Das Einblenden von Zwischentiteln in den *Flashback*-Sequenzen, die anhand der Räumlichkeit nicht mehr als solche einzuordnen sind, oder das Verwenden eindeutiger Requisiten sind Orientierungsmittel, die sich mehr oder weniger offensichtlich erschließen lassen. Ermöglicht das »Three Years Ago« (5.02, vgl. Fußnote 80) die sofortige zeitliche und kohärente Zuordnung des Fragments an die korrekte Stelle im Netz, so sind das Mobiltelefon, das Datum auf dem Zeitungsausschnitt und der Jacks Bart (3.22/23, vgl. Fußnote 79) nicht direkt erkennbar. Es bedarf dafür einer bestimmten Aktivität des Zuschauers, von der Zweitsichtung der Episoden bis zur Internetrecherche (vgl. Kap. 4.3.), um diese Hinweise zu entschlüsseln; zumal in Anlehnung an Jenkins (2007) behauptet werden kann, dass der Zuschauer bei einer derart offen gestalteten Serie nicht mehr erwarten kann, nach einer Episode alles zu wissen, um den Sinn dieser Narration zu erfassen. Generell kann die Komplexität, einher mit der Desorientierung, als Appell an den Zuschauer[83] verstanden werden, sich aktiv mit der Serie auseinanderzusetzen und zu engagieren (vgl. Ziegenhagen 2009, 46).

4.1.2. LOST als transmediale Erzählung

Da televisuelle Programme schon lange nicht mehr als isolierte Produkte wahrgenommen und konzipiert werden, sind Serien, auch wenn sie aufgrund der fernsehspezifischen Medialität geschlossene Textsysteme sind, durchaus seit vielen Jahren als Teil der ökonomischen Verwertungskette in den diversen Medien präsent. Die entscheidende kulturelle Veränderung, die in den letzten zehn Jahren stattgefunden hat, ist darin zu sehen, dass die ästhetische Ebene zunehmend expandiert, insofern die

---

[83] Auch autoreflexive Sequenzen in der Narration von LOST lassen sich als direkte Ansprache und Aufforderung verstehen: in Episode 2.03 »Orientation« äußert John Locke: »We're going to have to watch that again! «, nachdem er einen »DHARMA«-Orientierungsfilm, der aufgrund seiner unerwarteten Informationen Desorientierung bei ihm hervorrief, gesehen hat.

textuelle und narrative Gestaltung durch die Digitalisierung nicht mehr auf das Ursprungsmedium beschränkt sein muss (vgl. Kap. 2) und mediale Grenzen überschritten werden können. Infolgedessen können Narrationen derart umfangreich konzipiert sein, dass sie über mehrere Medien weitererzählt werden; ein Phänomen, dass Jenkins (2006a, 95) »›transmedia storytelling‹«[84] nennt und folgendermaßen definiert:

> A transmedia story unfolds **across multiple plattforms**, with **each new text making a distinctive and valuable contribution to the whole**. In the ideal form of transmedia storytelling, each medium does what it does best – so that a story might be introduced in a film, expanded through television, novels, and comics; its world might be explored through game play or experienced as an amusement park attraction. **Each franchise entry need to be self-contained** so you don't need to have seen the film to enjoy the game, and vice versa (ebd.; Hervorhebungen durch d. Verf.).

Über diese narrative Praktik, von der Jenkins (2009) auch sagt, dass sich ihre Entwicklung noch im Frühstadium befindet, herrscht momentan ein immenser Diskurs zwischen Akademikern[85] sowie Film- und Fernsehschaffenden[86] vor, welcher in der vorliegenden Studie nicht diskutiert werden kann. Grundlegende Merkmale dieses Konzepts unterstützen allerdings die folgende Analyse, da eine Fernsehserie wie LOST, die sich durch eine komplexe Mythologie auszeichnet, durch das Einbetten in einen Medienverbund auf der textuellen Ebene geöffnet wird, indem narrative Frag-

---

[84] *Transmedia storytelling* hat einen ökonomischen Ursprung im Franchise vieler Medienprodukte, die ästhetische Bedeutung, das heißt die kreative Entwicklung narrativer Welten, wurde der Öffentlichkeit erst im Autorenstreik 2007/08 bewusst (Jenkins 2009). Prinzipiell stehen insbesondere in der Unterhaltungsbranche ökonomische und ästhetische Komponenten in einem symbiotischen Verhältnis, dennoch wird sich diese Studie auf die Ästhetik konzentrieren, was aber nicht bedeutet, dass ökonomische Interessen nicht bewusst sind.

[85] Im Sommer 2009 konnte im Internet eine Diskussion zwischen David Bordwell und Henry Jenkins unter anderem über die Ursprünge dieses Phänomens verfolgt werden. Aus dieser lässt sich festhalten, dass das serielle Erzählen in mehreren Medien gleichzeitig, man denke an das STAR WARS- oder SUPERMAN-Franchise, nicht neu ist. Diese medialen Produkte sind jedoch für sich genommen eher als eigenständige Werke wahrnehmbar und zugleich als Voraussetzung für heutige Erzählformen zu betrachten, insofern diese als Weiterentwicklung gelten können. Das Novum ist vielmehr dahingehend zu beobachten, dass transmediales Erzählen zunehmend aus der Kult-Nische heraustritt und auch massenmedial relevant wird, zum Beispiel lässt die *Sitcom* HOW I MET YOUR MOTHER (USA 2005-, CBS) fernab vom televisuellen *Plot* den Zuschauer an den Flitterwochen zweier Charaktere via Blog teilnehmen, indem dort kleine Episoden aus dem fiktiven Urlaub zu sehen sind (vgl. *marshallandlilywedding.com/*).

[86] Beispielsweise können die Beiträge von Lance Weiler (2009), einem Filmemacher, in den *Online*-Publikationen *screendaily.com* oder *filmmakermagazine.com* gelesen werden, in denen er ausführt, in welcher Form Filme heute gestaltet werden können, was er allerdings als »›cross-media storytelling‹« bezeichnet.

mente auf andere mediale Plattformen verbreitet und untereinander vernetzt werden. Im Folgenden wird anhand offizieller Paratexte analysiert, inwieweit der TV-Text LOST durch die transmediale Gestaltung der Narration[87], metaphorisch gesprochen, die Grenzen des Fernsehens überschreitet, textuelle Fragmente in anderen Medien präsentiert und infolgedessen zu einem faktischen hypertextuellen Netzwerk konstruiert wird.

Die Serie bricht Grenzen des Fernsehens auf zwei Ebenen auf: zum einen auf der narrativen und zum anderen auf der technologischen, zu der die Trägermedien zu zählen sind, auf denen sich die narrativen Fragmente oder Texteinheiten befinden. Basierend auf der digitalen Speicherung wird LOST dem Zuschauer neben der Fernsehausstrahlung zeitnah als *Online-Stream* versehen mit *pre-roll-ads*[88] sowie vier bis fünf eingebetteten Werbespots auf der ABC-Webseite und der Distributionsplattform *Hulu* oder als gebührenpflichtiger *Download* auf anderen Portalen wie i-Tunes bereitgestellt[89]. Dieses *multiplatform*-Angebot dezentralisiert den Rezeptionsprozess zwar nachhaltig (vgl. Kap. 4.3.1.), muss aber als Versuch verstanden werden, dem Zuschauer jederzeit einen offiziellen Zugang zu der Serie zu gewähren, so dass die Einbußen der Werbeeinnahmen, die die Werbeindustrie durch *add-on*-Technologien wie *Tivo* vermutet[90] – LOST war 2005 eine der vierthäufigsten aufgezeichneten Serien (vgl. John-

---

[87] Interessanterweise wird *transmedia storytelling* in all den experimentellen Formen sehr häufig beobachtbar und infolgedessen auch ebenso häufig untersucht, oft unter ökonomischer Perspektive. Bisher fehlt jedoch der Anschluss dieses Konzepts an narratologische Theorien.
[88] Mit diesem Begriff wird eine Werbeform bezeichnet, die vor den *Stream* geschaltet ist und nicht vorgespult werden kann; Studien ergeben, dass diese Spots intensiver wahrgenommen werden als die Werbeblöcke im Fernsehen (vgl. Marshall 2009, 44).
[89] Diese Aussagen beziehen sich nur auf die Zugangsmöglichkeiten im angloamerikanischen Raum: LOST ist aufgrund eines Vertrages zwischen Disney und Apple, der 2005 abgeschlossen wurde, eine der ersten Serien, die im Internet zum Download bereitgestellt wurde (vgl. Pearson 2007, 251), während der sendereigene *Online-Stream* 2006 ermöglicht wurde (vgl. Chaffin/Duyn 2006). In Deutschland ist es unlängst aufwendiger und kostenintensiver die Serie zu schauen: aufgrund der Erstausstrahlungsrechte, die der *Pay-TV*-Sender Sky innehat, kann LOST erst mit einer Verzögerung von einem Jahr im *Free-TV* bei Pro7 beziehungsweise die fünfte Staffel ab Januar 2010 bei Kabel 1, beim zu abonnierenden Online-Portal Maxdom oder, zumindest seit 2008, als Download bei iTunes Deutschland für 1,49 bis 2,49 € (vgl. heise online 2008) rezipiert werden; ansonsten muss der deutsche Zuschauer auf die Veröffentlichung der DVD warten oder ›illegale Wege gehen‹. Inzwischen ist Bewegung in den deutschen Markt gekommen: Pro7 hat einen Deal mit Warner Bros. Intl. Television Distribution abgeschlossen und hat GOSSIP GIRL (USA 2007-, The CW) direkt nach der Ausstrahlung auf Ihrer Homepage als *Stream* angeboten (vgl. Krannich 2009b).
[90] Laut einer aktuellen Nielsen-Studie überspringen deutlich weniger US-Zuschauer die Werbepausen bei aufgezeichneten Programmen als vermutet: 46 Prozent der Zielgruppe von 18 bis 49 Jahren sehen die *Spots* mit an (vgl. Junklewitz 2009d).

son 2009, 40) – so gering wie möglich sind. Inzwischen gibt es offizielle Zahlen, dass LOST die *Show* ist, die am häufigsten online rezipiert wird, gemessen an den Zuschauern pro Episode auf der ABC-Webseite (vgl. Whitney 2009). Neben der Generierung neuer Publika, die sich zunehmend nur im Internet aufhalten, in die Serie aber im nachhinein einsteigen können, soll die Gefahr der Desorientierung reduziert und verhindert werden, dass die Zuschauer nach dem Verpassen einzelner Episoden aussteigen (vgl. Kap. 4.1.1.). In diesem Kontext darf auch der Vertrieb der Serie als DVD Box-Set nach dem Ende einer Staffel (oder als Teilstaffel während der Ausstrahlung) nicht vergessen werden, wodurch die maximale »rewatchability« (Mittell 2006, 31) eines Fernsehprogramms erreicht wird. Allen Plattformen ist gemein, dass sie den Kerntext, die Serie, tragen, ihn so aus seiner medialen Abgeschlossenheit lösen und ihn jederzeit und jedermann zugänglich machen. Doch tragen sie nicht nur den Serientext an sich, sondern präsentieren diesen mehr oder weniger direkt mit seinen Paratexten. Im Sinne Genettes (2001 [1987], 10)[91] sind dies Textelemente, die in oder um einen Primärtext herum angeordnet werden, um die Rezeption qua der Textschaffenden zu dirigieren, indem sie spezifische Interpretation ermöglichen oder den Rezipienten fehlleiten (vgl. ebd., 19). Während die DVD-Technologie[92] den direkten Zugriff auf den Primärtext und die Bonusmaterialien beziehungsweise eine Überlagerung dessen gestattet, insofern bei der Sichtung mancher Episoden ein Audiokommentar der Produktionsbeteiligten gehört werden kann, muss der Rezipient, der andere Technologien nutzt, entsprechende Paratexte im Internet suchen[93]. Insbe-

---

[91] Genette bezieht sich in seiner Argumentation vornehmlich auf Bücher und somit literarische Texte. Da er seiner Kategorisierung keine Vollständigkeit zuspricht (vgl. ebd., 11), zeitlich vor den ästhetischen Konvergenzprozessen anzusiedeln ist und andere Medien hinsichtlich des außerhalb des Primärtext stehenden Paratextes (auch Epitexte genannt) mitdenkt, wird das Übertragen seiner Begrifflichkeit auf transmediale Narrationen in dieser Studie für sinnvoll erachtet.

[92] Derek Kompare (2006, 346) konstatiert, dass diese zusätzlichen Materialien einzelne Elemente des zentralen (ursprünglich ausgestrahlten) Textes erweitern und so neue mediale Erfahrungen produzieren. Infolgedessen kann die DVD nicht nur als reines Trägermedium des Kerntextes betrachtet werden, sondern fungiert auch als Plattform für die narrativen Fragmente, die außerhalb des televisuellen Plots anzusiedeln sind, und simuliert Formen des Internets auf der Mikroebene beziehungsweise fungiert als Sammelplattform für die im Internet verstreuten Texte. Sowohl die DVD, als auch das Internet lassen sich als Konvergenzmedien bezeichnen und werden in dieser Studie auch so betrachtet, obwohl bei letzterem hinsichtlich der Bezeichnung ›Medium‹ aufgrund seines adaptiven Wesens, insofern es diverse Medien und ihre Funktionen simuliert, diskutiert wird.

[93] Aus Ziegenhagens (2009, 65) Verweis auf Fiskes Intertexualitäts-Konzept – dieses darf nicht dem der Literaturwissenschaft gleichgesetzt werden (vgl. Kap. 3.1. und 4.2.), weil Fiske sich auf Primärtexte (horizontale Intertextualität) sowie Paratexte eines Werkes bezieht (vertikale Intertextualität), die immer in Relation zu diesem gelesen werden und so eine Beziehung zwischen den

sondere nicht im Ursprungstext enthaltene Paratexte fungieren durch ihr Vorkommen in anderen Medien als Präsentation des Werkes in einer größeren Öffentlichkeit und sollen infolgedessen neue Publika generieren (vgl. ebd., 328). An dieser Stelle kann der Paratext-Ansatz mit dem des *transmedia storytelling* verbunden werden, da den transmedialen Produkten laut Jenkins (2006a, 96) die gleiche Funktion zukommt: sie sollen eigenständig Sinn machen, in sich abgeschlossen gestaltet sein und nicht redundante Informationen enthalten, die die narrative Welt in ihrer Tiefe erfahrbar machen. Als Resultat sollen sie zum Konsum weiterer Elemente anregen und zugleich die Loyalität des bereits gewonnenen Rezipienten gegenüber dem Ausgangstext aufrecht erhalten.

De facto können nicht alle Paratexte von LOST als Teil des *transmedia storytelling* betrachtet werden; entscheidend ist, inwieweit der *Story* und somit der fiktiven Welt Informationen hinzugefügt werden, denn: »each new text adds a new piece of information which forces us to revise our understanding of the fiction as a whole« (Jenkins 2007). Diese textuellen Erzählfragmente, die Jenkins »chunks« (2009) nennt, was wiederum die Nähe zum hypertextuellen Konzept verdeutlicht (vgl. Kap. 3.1.), sind demnach nicht nur ausgegliederte, eigenständige Elemente der *Storyworld*, sondern tragen, wenn die Beziehungen zwischen den einzelnen Installationen hergestellt werden, zum Verstehen der fiktionalen Welt bei und/oder gestalten die bisherige Bedeutung signifikant um, welches Jenkins (2006a, 279) als »additive comprehension« bezeichnet. LOST, das durch die charakterzentrierten Narrative kombiniert mit den Inselgeheimnissen und der Mythologie eine sehr komplexe Welt konstruiert, weist zwei unterschiedliche Formen des transmedialen Angebots auf: während diegetische Texte vornehmlich Lücken des *Plots* füllen, ergänzen hyperdiegetische[94] die

---

Texten herstellen – lässt sich der transmediale Aspekt von televisuellen Texten bereits ableiten. Fiskes (vgl. 1987, 108ff.) Beschäftigung mit zusätzlichen Texten, den Sekundär«- und Tertiärtexten, berücksichtigt jedoch nicht die Extension des Primärtextes über mehrere Medien. In Zeiten von *media convergence*, deren Ästhetik von offenen Werken und Grenzüberschreitung geprägt ist, prognostiziert John Caldwell laut Ziegenhagen (2009, 65) das Verschwinden der textuellen Grenzen hin zu einem einzigen Primärtext. Dieser muss sich wiederum netzwerkartig auf verschiedene Medien verteilen, so dass sich Fiskes Konzept, zumindest im Hinblick auf narrative Texte, über Caldwell an das hier perspektivierte *transmedia storytelling*-Konzept anschließen lässt.

[94] Dieser Begriff geht zurück auf Matt Hills und bezeichnet ein umfangreiches und detailliertes narratives Universum, das nur zu einem Bruchteil im *Plot* sichtbar wird (vgl. Johnson 2009, 37). Prinzipiell stellt sich im Rahmen der Untersuchung transmedialer Erzählphänomene die Frage, ob und inwieweit die narrative und strukturelle Divergenz die diegetischen Grenzen des Textes überschreitet und ob der bisher verwendete Diegese-Begriff diese Transformationen noch trägt; eine

zentrale Narration und Mythologie um Hintergrundinformationen. Als diegetische Texte lassen sich neben herausgeschnittenen Szenen vor allem die so genannten *Mobisodes*[95], LOST: MISSING PIECES (USA 2007, Verizon/*abc.com*), bezeichnen. Letzteres sind kleine zwei- bis vierminütige Episoden, die zwischen Staffel drei und vier für das Mobiltelefon produziert wurden und jeweils in der darauffolgenden Woche auf der ABC-Webseite veröffentlicht wurden. Da sie inzwischen zum Bonusmaterial der DVD-Box zur vierten Staffel gehören, sind sie zugleich ein gutes Beispiel für die multiple Distribution digitaler Produktionen und es lässt sich beobachten, wie die diversen medialen Plattformen genutzt werden, um den Text in all seinen Fragmenten möglichst vielen zugänglich zu machen. Neben der Überbrückungsfunktion[96] zwischen den einzelnen Staffeln erweitern diese bestehende Narrative des Serientextes, indem sie neue Informationen hinzufügen und die Narration durch Details vertiefen. Inhaltlich sind sie nicht sehr informativ, strukturell aber ebenso fragmentiert und offen wie die einzelnen Abschnitte des Primärtextes (vgl. Kap. 4.1.1.). Zugeordnet zu den adäquaten Texteinheiten – eine Aufgabe, die dem Zuschauer obliegt und nicht vorgegeben ist – intensivieren sie darüber hinaus vorhandene offene Fragen, die bis zum jetzigen Zeitpunkt noch nicht gelöst sind. *Mobisode* dreizehn »So It Begins« (vgl. DVD) beinhaltet als Textfragment eine Information, die den Anfang der Serie rückwärtig erweitert und so den Ausgangspunkt der Narration erneut als vermeintlich offenbart: aus der Perspektive des Hundes Vincent (Abb. 6a) wird visualisiert, dass er von Christian Shepard, Jacks totem Vater, zu jenem geschickt wird, um ihn aufzuwecken (Abb. 6b). Dieses einminütige Fragment gehört textuell vor den Ausgangspunkt der Serie, welches durch die anschließende Verwendung des identischen Bildmaterials bestätigt wird; Abbildung sechs c bis e verdeutlicht dieses im Zusammenschnitt

---

interessante Fragestellung, die im Rahmen dieser Studie leider nicht detaillierter analysiert werden kann.
[95] *Mobisode* setzt sich zusammen aus dem englischen Wort »**mob**ile« und »**episode**« und ist ein Neologismus für kleine Episoden, die für das Handy produziert wurden. Aufgrund der Bereitstellung auf der ABC-Webseite werden sie auch als *Webisodes* bezeichnet. Initiiert von 24:CONSPIRARCY (USA 2005; DVD-Bonusmaterial zur vierten Staffel) lässt sich inzwischen ein Trend zu der vermehrten Produktion derartiger Kurzepisoden zu TV-Serien feststellen, welches nicht nur auf die *serials* beschränkt ist, wie die aktuellen Beispiele LITTLE MONK (USA 2009, USA Network) und SCRUBS INTERN (USA 2009, ABC) zeigen.
[96] Die Überbrückungsfunktion wird in der vorliegenden Studie als eine der elementarsten für die Veröffentlichung von Zusatzmaterialien betrachtet und trifft nicht nur auf das *transmedia storytelling* zu. DVD Box-Sets, abgesehen von den Halbstaffeln, erscheinen meistens zwischen zwei Staffeln und sollen so die Loyalität und das Interesse des Zuschauers aufrecht erhalten sowie neue Zuschauer gewinnen.

der Pilotfolge (linke Bildhälfte) und der *Mobisode* (rechte Bildhälfte). Aufgrund dieses Fragmentes wird der Grund für die Anwesenheit des Hundes, der den Zuschauer in der Pilotfolge irritiert, wahrnehmbar und zugleich wird das Rätsel um die Erscheinung des Toten evident.

Abbildung 6 a-e: vergleichende Darstellung der Pilotfolge und der *Mobisode* 13[97]

Während die *Mob-/Webisodes* speziell für diese Verwendung produziert wurden, sind die herausgeschnitten Szenen diegetische Textfragmente, die ursprünglich als Primärtext produziert wurden und somit eng mit diesem verknüpft sind. Als Teil vorhandener Handlungsstränge erweitern sie die Narration, indem sie Informationen zur Erläuterung enthalten und so bei gewissen Aspekten zu einem besseren Verständnis führen. Demnach können diese textuellen Fragmente nicht als in sich geschlossene Medienangebote verstanden werden.

Anders verhält es sich mit den hyperdiegetischen Angeboten (vgl. Fußnote 94), denn diese können als unabhängige Eintrittsmöglichkeiten in das LOST-Universum gelten. Das Videospiel LOST: VIA DOMUS[98] erweitert die fiktionale Welt, indem es dem Spieler ermöglicht diese virtuell zu erfahren und sich in dieser zu bewegen. Er erlebt das LOST-Universum aus der Sicht des neuen Charakters Elliot Maslow, einem Fotojournalisten, der an Bord von »Oceanic 815« war und nach dem Absturz unter Amnesie leidet. Mittels dieses Avatars wird ein zusätzlicher paralleler Handlungsstrang, dem-

---

[97] Abbildung a) oben links: Gräser, b) oben 2. von links: Christian Shepard und Vincent, c) – e) Montage der Mobisode, jeweils links, und der Pilotfolge, jeweils rechts, c) oben rechts: Jack Shepards Auge, d) unten links: Jack Shepard, e) Vincent.
[98] Entwickelt zwischen 2006 und 2008 für XBox 360, Playstation 3 und PC von Ubisoft Montreal ist es angesiedelt während der ersten drei LOST-Staffeln. Ästhetisch ist es ähnlich wie die Fernsehepisoden gestaltet, indem es in kleine 90-minütige Abschnitte mit *Recaps*, *Flashback*-Sequenzen und *Cliffhangern* ausgestattet ist (vgl. de.lostpedia.wikia.com/wiki/Via_Domus).

nach ein möglicher *Plot*, in die Narration eingefügt, der bisher nicht innerhalb der televisuellen Erzählung angesiedelt ist, denn dieser *character* könnte prinzipiell noch Teil des Primärtextes werden. Wie der televisuelle *Plot* wird das Spielgeschehen durch die *Flashbacks* des Protagonisten fragmentarisiert, die aufgrund seiner Amnesie die Spielerfahrung intensivieren (vgl. Peckham 2008), da sich Spieler und Avatar auf dem gleichen Wissensstand befinden und sich innerhalb der narrativen Welt simultan entwickeln. Es findet eine Simulation der Serienhandlung in dem Spiel statt und der Spieler befindet sich durch die immersive Verknüpfung mit dem Avatar in der gleichen Situation wie die Serienprotagonisten beziehungsweise er befindet sich mit diesen zusammen in der gleichen Situation. Sein Kommunizieren mit den Charakteren und sein Agieren bei der Lösung der Überlebensprobleme lassen ihn virtuell zu einem Teil des LOST-Universums werden:

> The fans will be able to explore more areas and talk to the other castaways, but the main focus is to provide the player with the ability to solve their own personal mystery and live the story that unfolds on the Lost island. This truly puts the fan in their own unique Lost experience (Pollack 2008 zit. in Peckham 2008).

Ziel des Spiels ist das virtuelle, immersive Erleben durch die Interaktion mit der narrativen Welt und eine Verknüpfung des Spielers mit dieser (vgl. Kap. 4.2.). Die Informationen, die innerhalb dieser Installation erhältlich sind, dienen ausschließlich der Vertiefung des Wissens und lösen keine Rätsel der Serie. Aus diesem Grund ist der reguläre Fernsehzuschauer nicht gezwungen zu spielen, um relevante Aspekte zu erfahren oder Antworten zu erhalten (vgl. Peckham 2008). In diesem Sinne ist VIA DOMUS ein in sich geschlossenes Medienangebot, das unabhängig von der Serie und ohne Vorkenntnisse rezipiert werden kann, und zugleich erzählt es die Narration weiter, indem ein möglicher *Plot* entfaltet wird.

Als die komplizierteste Erweiterung des LOST-Textes werden die ARG[99] (**A**lternate **R**eality **G**ames) bezeichnet, die die Aufmerksamkeit der Zuschauer in den Staffelpausen aufrecht erhalten und zusätzliche ARG-Spieler ansprechen sollen (vgl. Ross 2008, 201). Bisher gibt es insgesamt drei abgeschlossene Spiele[100]: FIND 815, THE

---

[99] Ein ARG ist ein Spiel, indem die ›reale‹ Welt inklusive Internet, Telekommunikation, Printmedien, Kinos etc. zur Arena wird, in der die Mitspieler nach versteckten Hinweisen suchen und diese in Online-Foren zusammentragen, diskutieren und so das Rätsel lösen (vgl. Jones 2007).

[100] In der aktuellen Staffelpause gibt es das inzwischen bestätigte Spiel mit dem inoffiziellen Namen »Damon, Carlton & a Polar Bear«, das am 25. Juli auf der *Comic Con* gestartet ist (vgl. lostpedia.wikia.com/wiki/Damon,_Carlton_and_a_Polar_Bear), im Rahmen dieser Studie aber nicht weiter verfolgt werden kann. Zwischen den ersten beiden Staffeln gab es kein ARG, aber es gibt seit

DHARMA INITIATION PROJECT und THE LOST EXPERIENCE. Insbesondere letzterem kam eine große Aufmerksamkeit zu, da es das Ausmaß bisheriger cross-medialer Texte innerhalb eines Spiels ausgeweitet hat (vgl. Brooker 2009, 56). Die Funktion aller ARG ist die Erweiterung des LOST-Universums durch die Addition von Hintergrundwissen, welches Carlton Cuse in einem Interview am Beispiel von der ››Hanso-Foundation‹‹ und der ››DHARMA-Initiative‹‹ treffend beschreibt:

> **[I]t's tangential** to the show **but it's not unrelated** to the show […] We sort of felt like the Internet Experience was a way for us to get out mythologies that we would never get to […] in the show […] **We created it for purposes of understanding the world of the show** but it was something that was always going to be sort of below the water, sort of the iceberg metaphor, and the Internet Experience sort of gave us a chance to reveal it (Carlton Cuse 2007, Interview mit *buddytv*; Hervorhebungen d. Verf.).

Durch diese Zusatzinformationen werden in den Primärtexten erwähnte Elemente ›ausgeschmückt‹, beispielsweise werden die mysteriösen Zahlen, die innerhalb der Serie immer wieder in Erscheinung treten, in THE LOST EXPERIENCE als ››Valenzetti-Gleichung‹‹[101] identifiziert und ihre Funktion erläutert; des Weiteren leiten die ARG relevante *Plots* der kommenden Staffel ein (vgl. Schneider 2008), indem sie den Teilnehmer mit einem immensen Basiswissen[102] ausstatten, wie den geschichtlichen Hintergrund der ››DHARMA-Initiative‹‹[103], die die Forschungsstationen auf der Insel gebaut hat und zunehmend relevant für die Insel-Narration wird. Sofern jedoch die Informationen für das Verstehen des *Plots*, der die grundlegende Bedeutungsebene

---

der ersten Staffel einzelne *sim-sites*, wie *oceanicairlines.com*. Zusammen mit einer Marketing-Kampagne vor der Ausstrahlung der Serie, indem an verschiedenen Strandabschnitten Flaschenpost angespült wurde (vgl. Ross 2008, 199), wird darauf hingewiesen, dass im Rahmen der Serie von Beginn an die Grenzen zwischen Realität und Fiktion verwischt werden sollten.

[101] Dies ist eine fiktive mathematische Gleichung, die das Ende der Menschheit voraussagen soll und von dem (fiktiven) Enzo Valenzetti an der Princeton-Universität entwickelt wurde. Informationen, die bis vor kurzem noch einem eigenen WIKIPEDIA-Artikel, ohne Hinweis auf die Fiktion, zu entnehmen waren, nun aber gelöscht sind (vgl. en.wikipedia.org/wiki/Valenzetti_equation).

[102] Alle Informationen können aufgrund einer hohen Fanaktivität im Internet nachgelesen werden und sind somit jedem zugänglich, ohne dass an dem Spiel teilgenommen werden muss (vgl. Kap. 4.3.2.3.).

[103] Unter anderem ist zu erfahren, dass das Ziel der ››DHARMA-Initiative‹‹, die von der fiktiven ››Hanso-Foundation‹‹ finanziert wird, die Veränderung der Faktoren der ››Valenzetti-Gleichung‹‹ war, um das Ende der Menschheit herauszuzögern (vgl. de.lostpedia.wikia.com /wiki/Die_Valenzetti_Gleichung). Die 2009 ausgestrahlten *Webisodes* MYSTERIES OF THE UNIVERSE, erfüllen, anders als die *Mobisodes*, ebenfalls diese Funktion und enthüllen weitere Informationen über die ››DHARMA-Initiative‹‹. Gestaltet und ausgewiesen sind diese Episoden, die bis Mitte November 2009 erschienen sind, als eine Dokumentationsreihe, die bereits 1982 im Rahmen der gleichlautenden ABC-Reihe ausgestrahlt worden sei, und verwischen so die Grenzen zwischen der Realität und der Fiktion.

ist, essentiell sind, werden sie dem Zuschauer direkt in der Serie vermittelt (vgl. Brooker 2009, 69) und sind für den ARG-Spieler somit redundant. Prinzipiell können auch diese narrativen Inhalte, die nicht umgesetzt worden sind, als mögliche *Plots* betrachtet werden, wodurch die LOST-Narration auf vielen Plattformen weitererzählt wird[104]. Die ARG sind im Rahmen dieser Studie deshalb so interessant, weil sie die televisuellen Textfragmente in das Internet einbinden und infolgedessen die angelegten Hypertextstrukturen des Ursprungstextes realisieren, denn die Informationen findet der Spieler nicht gesammelt auf einer einzigen Plattform, sondern verteilt und versteckt auf diversen. THE LOST EXPERIENCE nahm zum Beispiel seinen Ausgang am Ende der Ausstrahlung der zweiten Staffel im US-Fernsehen, indem unter anderem Werbespots der fiktiven »Hanso-Foundation« gesendet wurden, die auf tatsächlich existierende Webseiten und Telefonnummern hinwiesen (vgl. Seiler 2008, 44). Auf diese Weise wurden interessierte Zuschauer zumindest auf die real existierenden Webseiten gelockt, die Brooker (2009, 54) treffend als »sim-sites« (kurz für *simulation sites*) bezeichnet. Diese Seiten, wie *thehansofoundation.org* oder *oceanicair.com*, von denen es inzwischen eine Vielzahl gibt, die nicht zwingend in ein ARG eingebunden sein müssen, sind im Internet unkommentiert zugänglich und weisen so das Serienuniversum vermeintlich als Faktum aus (vgl. ebd.). Diese Grenzverwischung zwischen Fiktion und Realität führt zu einer Annäherung der narrativen Welt an die der Rezipienten, das heißt, während der Fernsehtext angeschaut und durchdacht werden kann, aber weiterhin deutlich abgegrenzt ist von der subjektiven Lebenswelt der Rezipienten, ermöglichen die Webseiten eine Form der Interaktion: der Einzelne kann sich auf diesen Seiten bewegen, Verlinkungen aktivieren, auf andere fiktive oder reale Seiten springen und sich so in einem kleinen Teil des LOST-Universums bewegen. Diese medial vermittelte Berührung mit der narrativen Welt beschränkt sich jedoch nicht auf die digitalen Medien. LOST bezieht ebenso analoge Medien[105] in die Entfaltung der fiktiven Welt ein (vgl. Johnson 2009, 35), insofern beispielsweise das innerhalb des *Plots* gelesene Manuskript »*Bad Twin*«[106] in Buch-

---

[104] Im Grunde drängt sich die Frage auf, ob durch diese transmedialen Erzählformen, die ihrerseits audiovisuell umgesetzt sein können, die Unterscheidung in *Plot* und *Story* nicht zunehmend verwischt beziehungsweise obsolet wird.
[105] Mit der Einbeziehung der analogen Medien weist Johnson (2009, 35) explizit auf eine Schwachstelle im gegenwärtigen *convergence*-Diskurs, insofern dieser sich vornehmlich auf die digitalen Plattformen fokussiert und die Rolle der analogen Medien nicht beachtet.
[106] »*Bad Twin*« ist ein metafiktionales Buch, das innerhalb des Plots als Manuskript von einigen Charakteren gelesen wird und dessen Autor Gary Troup, der wiederum ein Buch über die »Valen-

form veröffentlicht wurde. Daraus resultierten, als Teil des ARG wiederum, Pressemitteilungen auf der »›Hanso‹«-Webseite sowie eine Anzeigenkampagne in US-Tageszeiten (vgl. Seiler 2008, 44) mit der Aufforderung das Buch, welches als Lüge bezichtigt wurde, vom Markt zu nehmen (vgl. ebd.). Diese Form der »›augmented reality‹«[107] (Landow 2006, 247) verbunden mit Live-Auftritten von fiktiven Charakteren aus dem ARG auf der *Comic Con*[108] und in einer Talkshow[109] gliedern die Hyperdiegese zunehmend in das subjektive Lebensumfeld des Rezipienten ein und ermöglichen diesem das konkrete Erfahren der fiktionalen Welt.

Strukturell entwickelt sich aus einer derartigen Verteilung von narrativen Texten auf multiple Plattformen ein Netzwerk, das die unterschiedlichen Narrative, die zwar nicht wichtig für das Verstehen der Serie, zugleich immer mögliche *Plots* und zu einem Großteil nicht sichtbar sind, in dieses erzählerische Universum einbindet. Subsumiert

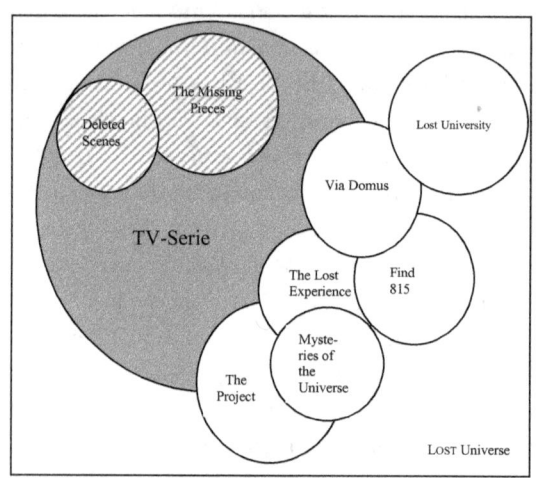

Abbildung 7: transmediale Erweiterung von LOST; eigene Darstellung

---

zetti-Gleichung« geschrieben hat (vgl. Fußnote 101), bei dem Flugzeugabsturz ums Leben kam. Diese kurze Zusammenfassung visualisiert die reichhaltige *Storyworld*. Veröffentlicht wurde das Buch, das von *Ghostwriter* Laurence Shames verfasst wurde (vgl. de.lostpedia.wikia. com/wiki/Bad_Twin), unter Aufrechterhaltung der fiktionalen Hintergrundgeschichte bei Hyperion, einem Buchverlag des Disney-Konzerns, welches zugleich auch noch die Synergie-Effekte verdeutlicht.

[107] Dieser Begriff bezieht sich auf das Übertragen virtueller Informationen aus einer *Storyworld* auf die reale Welt (vgl. Landow 2006, 247) und kann somit als Antonym der Immersion, dem Eintauchen eines Rezipienten in eine virtuelle Welt, bezeichnet werden.

[108] Rachel Blake, die Protagonistin des ARG THE LOST EXPERIENCE, tritt auf der *Comic Con* 2006 im LOST-Panel in Erscheinung und beschuldigt den Veranstalter öffentlich mit der »›Hanso-Foundation‹« zusammenzuarbeiten (vgl. de.lostpedia. wikia .com/wiki/The_Lost_Experience).

[109] Der fiktive Charakter Hugh McIntyre, Pressesprecher der »›Hanso-Foundation‹«, erscheint per Video-Schaltung bei JIMMY KIMMEL LIVE, einer Late-Night-Show auf ABC, und nimmt öffentlich Stellung gegen die Vorwürfe, die der »›Hanso-Foundation‹« gemacht werden (vgl. de.lostpedia. wikia.com/wiki/Hugh _McIntyre).

gehören sie trotz wechselnder Trägermedien[110] zu einem hypertextuellen Netz, in dem die Serie, von den Produzenten auch als »mothership« (Schneider 2008) bezeichnet, weiterhin als autonomer Kerntext fungiert. Abbildung 7 soll die transmediale Verteilung der LOST-Narration und die Grenzüberschreitung der fiktionalen Welt demonstrieren. Zugleich verdeutlicht sie einen Aspekt, der selten im Rahmen von *convergence*-Prozessen expliziert wird: transmediales Erzählen führt durch das Ablösen einer Erzählung von ihrem Trägermedium zu einer narrativen Divergenz (vgl. Johnson 2009, 35), und infolgedessen ist die Erzählung, die in dieser Form nicht in einem Medium erzählt werden kann, in Fragmente zerlegt und auf multiple verteilt wird, als eine weitere Form nonlinearen Erzählens zu betrachten. Dass diese Fragmente nicht unverbunden im Raum verstreut sind, sondern miteinander und untereinander verbunden sind, ist die Voraussetzung für ein hypertextuelles Netzwerk. Welcher Art diese Verknüpfungen in LOST sind und wie diese funktionieren wird im folgenden Kapitel analysiert.

4.2. »Follow the ... White Rabbit« – Verlinkungen in LOST[111]

Die sich räumlich entfaltende Narration bedarf entsprechender Verknüpfungselemente, um die übergeordnete Inselnarration, die einzelnen Narrative beziehungsweise ihre Fragmente und potenziellen *Plots* unter- und miteinander zu verbinden. In Hypertexten kann, wie beschrieben, jedes Element grundsätzlich als Link fungieren (vgl. Kap. 3.1.). Aus diesem Grund muss überlegt werden, welche Elemente innerhalb des textuellen LOST-Universums als derartige strukturierende Verbindungen gelten können. In diesem Zusammenhang erscheint Askwiths (2007, 136) Aussage, dass in LOST »almost anything can count as a clue«[112] als Ausgangspunkt geeignet. Neben der nonlinearen Erzählweise zeichnet sich die Serie zum einen durch eine enorme Fülle an wiederkehrenden Details auf allen medialen Plattformen aus, die als konstitutiv für die grundlegende Bedeutungsreproduktion und für das Entstehen des (transmedialen)

---

[110] Alle *offline*-Hinweise aus den analogen Medien oder in den Schokoriegeln, die zu dem Zeitpunkt verkauft wurden (vgl. Kap. 4.2.), sind im Internet zu finden, mussten lediglich geduldig gesucht werden (Brooker 2009, 56). Darüber hinaus sammeln die aktiven Fans die Informationen auf eigenen Plattformen, von denen LOSTPEDIA das bekannteste ist und verdeutlichen auf diese Weise die enzyklopädische Kapazität des Serienuniversums.
[111] Dieser Titel ist eine Collage aus zwei Episodentiteln: »Follow the Leader« (5.15) und »White Rabbit« (1.05).
[112] Askwith postuliert, dass LOST strukturelle und inhaltliche Ähnlichkeiten zu TWIN PEAKS aufweist, insbesondere in Bezug auf Jenkins Aussage, dass in Lynchs TV-Serie beinahe alles als Hinweis gilt (vgl. ebd.).

Netzwerkes angesehen werden können. Zum anderen ermöglichen die immensen intertextuellen Verweise in LOST das Einbinden von Texten, die sich außerhalb dieses narrativen Universums befinden und die Bedeutungsgenerierung unterstützen, erweitern oder auch fehlleiten können, und integrieren das grundlegende Seriennetzwerk in ein übergeordnetes kulturelles Netzwerk.

4.2.1. Das Netzwerk entsteht – Intratextuelle Links

Wenn ›alles‹ ein Hinweis ist, so wie Askwith postuliert, kann auch ›alles‹ als ein Element der Verknüpfung betrachtet werden. Die Frage, die diesbezüglich als erstes beantwortet werden muss, ist: was wird womit verknüpft? Die im letzten Kapitel ausführlich dargestellten Fragmente der Narration müssen, um als ein gesamtes textuelles Serien-Netzwerk zu gelten, unabhängig von ihrem Trägermedium verbunden werden. Deshalb ist es relevant, dass sich die Verknüpfungspunkte innerhalb des LOST-Universums befinden. Infolgedessen können sie als intratextuelle Verknüpfungen bezeichnet werden, die zugleich aufgrund ihres Vorkommens auf den unterschiedlichen medialen Plattformen auch transmedial sind. Verlinkungen im Sinne eines hypertextuellen Konstruktes sind mehr oder weniger sichtbare Verweise auf andere Texteinheiten, die durch Anklicken aktiviert werden und als Resultat den Hypertext konstruieren (vgl. Kap. 3.1.). Diese Form der Aktivität ist, abgesehen von den Extensionen ins Internet, bisher hinsichtlich televisueller Programme in den meisten Trägermedien nicht möglich oder geht nicht über das Anfangsstadium[113] hinaus. Aufgrund dessen kann es nicht als generalisierend für dieses analysierte Textkonzept von LOST erachtet werden. Vielmehr simulieren die intratextuellen Verweise die Linkfunktion dahingehend, dass der Zuschauer das jeweilige Element erkennt und die Verbindung zu einem anderen Textfragment herstellt. Ausschlaggebend ist in diesem Zusammenhang der Akt der Wiederholung, denn ein Element kann im Text nur dann als eine Verbindung zu einem früheren Fragment erkannt werden, wenn es bereits vorhanden gewesen ist. Askwith (2009, 169) weist auf die generelle Relevanz des Wiederholungsmoments in *Plots* hin, da es elementar für die Bedeutungsgenerierung

---

[113] Von LOST gibt es im Rahmen des *Online*-Projektes ABC ENHANCED, mehrere interaktiven Episoden, bei denen der Zuschauer aktiv teilnehmen kann und weitere Informationen erhält oder Vermutungen bestätigt werden können (vgl. Ross 2008, 200f.). Da es von Deutschland aus keine Zugangsmöglichkeit und kaum schriftlich zuverlässiges Material sowie keine Aussagen über den Erfolg gibt, soll es in dieser Studie auch nur am Rande erwähnt werden.

ist[114]. Durch das repetitive Vorkommen wird zwischen einem aktuell sichtbaren und früheren Element bewusst oder unbewusst eine Verbindung hergestellt:

> In his analysis of narrative structure, Brooks has suggested that, ›an event gains meaning by its repetition' and that the repetition of elements in a text‹... allow the ear, the eye, the mind to make connections, conscious or unconscious, between different textual moments, to see past and present related [...]' (Askwith 2009, 169).

Das Herstellen von Verbindungen zwischen den Elementen ist somit keine programmierte Auswahl, sondern das Resultat einer kognitive Leistung des Rezipienten, insofern dieser nicht einfach eine angebotene Markierung aktiviert und das angewählte Fragment auf dem Bildschirm sichtbar wird. Stattdessen muss das Element erkannt, ein früheres Vorkommen erinnert und dem entsprechenden Textfragment in Gedanken zugeordnet werden, um anschließend nach der Bedeutung dieses Verweises zu suchen. Im Unterschied zu vielen anderen televisuellen *Plots* erschwert die Detailfülle in LOST diesen Prozess und fordert von den Rezipienten, eine Unmenge von Einzelheiten zu behalten und sich dieser in den unterschiedlichsten Momenten zu erinnern, zumal – zumindest wenn die Serie regulär und ausschließlich im Fernsehen verfolgt wird – zwischen der Ausstrahlung der einzelnen Textfragmente Monate oder auch Jahre liegen. Als Beispiel kann Kates Spielzeugflugzeug (vgl. Abb. 8) dienen: dieses ist in der ersten Staffel eine strukturierende Verknüpfung ihres Charakternarrativs[115] und schließt es an die Inselnarration an, im Finale der fünften Staffel erscheint das Flugzeug erneut in der Hand eines kleinen Jungen, der mit einem Mädchen einen Laden betritt (Abb. 8, Mitte und Hervorhebung durch den roten Kreis). Erinnert sich der Zuschauer an die Bedeutung des Flugzeuges, so weiß er mit Beginn dieses Handlungsabschnittes, dass dies eine Vergangenheitssequenz von Kate ist.

---

[114] Askwith bezieht sich mit dieser Aussage, wie im Zitat zu lesen ist, auf den Komparatisten Peter Brooks und dessen Buch »*Reading for the Plot. Design and Intention in Narrative*« und somit auf eine generelle Bedeutungsgenerierung in erzählerischen *Plots*. Dies sind die Voraussetzungen, unter denen der Zuschauer die Bedeutung des *Plots* herstellen kann, und gelten somit als Basis für die Aussagen in dieser Studie.

[115] Das Spielzeugflugzeug, das als Teil einer als Zeitkapsel fungierenden Butterbrotdose (5.16) vergraben wurde, gehörte Kates verstorbener Jugendliebe, die auf ihrer Flucht vor der Polizei erschossen wurde (1.22). Da es der einzige Gegenstand sei, der ihr etwas bedeutet, dient es für den Bundesmarshall, der Kate verfolgt, als Beweis ihrer Brutalität (1.23) und als Köder, indem er es in einem Schließfach in einer Bank deponiert, welche von Kate überfallen wird (1.12).

Abbildung 8: Collage des Verknüpfungselements ›Flugzeug‹
aus den Folgen 1.23, 1.12, 5.16, 1.22

Dieses Exemplum verdeutlicht die bereits erläuterte Unabgeschlossenheit der einzelnen Narrative und die Möglichkeit immer neue Informationen mittels dieser Fragmente in die Narration einzuweben beziehungsweise diese zu enthüllen (vgl. Kap. 4.1.1.). Dementsprechend lässt sich anhand dessen auch zeigen, wie sich das netzwerkartige Erzählen durch die Wiederholung von Details sukzessive entfaltet und sichtbar wird. Zugleich veranschaulicht dieser Aspekt, dass Wiederholungen nur Sinn ergeben, wenn sie bewusst gesetzt werden, auch wenn diese im Moment ihres Erscheinens scheinbar zufällig und unverbunden erscheinen: zum Beispiel läuft Jack in einer *Flashback*szene Shannons (Maggie Grace), in der diese vom Tod ihres Vaters erfährt („Abandoned" 2.06) durch das Bild. Abbildung 9 zeigt anhand der Blickrichtung Jacks,

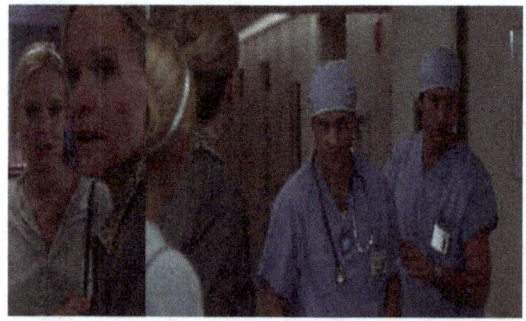

Abbildung 9: ›Zufällige‹ Begegnung - Jack und Shannon

die durch das Senken der Augen Teilnahmslosigkeit ausdrückt, die Zufälligkeit dieser Begegnung. Doch so zufällig dieses flüchtige Kreuzen der Wege erscheint, desto bedeutender wird es bei der Verbindung aller Fragmente von Jacks Tätigkeit als Arzt, in denen er Unfallopfer behandelt: durch die Organisation der Bruchstücke und Verbindung der Informationen kann der Rezipient rekonstruieren, dass Jacks Entscheidung für die Versorgung der zuerst eingelieferten Patientin den Tod von Shannons Vater bewirkt (2.01 „Man of

Science, Man of Faith"). Dieses Beispiel verdeutlicht die Kohärenzplanung bei der Konstruktion des narrativen Netzwerkes. Dem Zuschauer obliegt infolgedessen die Aufgabe basierend auf den erkannten und zugeordneten Details, die jeweiligen Textfragmente chronologisch und kausal zu organisieren und die jeweilige Geschichte zu rekonstruieren. Durch diesen Prozess ändert sich somit nicht die Narration, sondern der Erkenntnisstand des Zuschauers. Während diese Beispiele die Funktionsweise von intratextuellen Verbindungen auf plausible Weise visualisieren, muss darauf hingewiesen werden, dass neue Fragmente bisherige Bedeutungen nicht nur bestätigen und vertiefen, sondern diese verändern oder berichtigen und so Überraschung hervorrufen können. Zumeist sind Details nicht eindeutig einem Sinnzusammenhang zuzuordnen, da sie nicht in kausaler und/oder chronologischer Reihenfolge im *Plot* präsentiert werden. Oftmals ist die generelle Bedeutung noch nicht erläutert, weil sie als Teil eines Rätsels noch zu entschlüsseln sind und somit das oder die sinngebende/n Fragment/e noch nicht entdeckt beziehungsweise in der Serie noch nicht gezeigt wurde/n. Das Schiff „Black Rock", das die Überlebenden im Dschungel finden, ist bis dato eines dieser wiederkehrenden Elemente, dessen Sinn – Warum befindet es sich mitten im Dschungel, fernab von der Küste? Welchen Stellenwert hat es im Geheimnis der Insel? – noch nicht geklärt ist. Durch die Vergabe von Hintergrundinformationen auf den diversen medialen Plattformen außerhalb der Serie ist dessen Funktion als Sklavenschiff, ebenso wie der Besitzer der Handelsgesellschaft, Magnus Hanso, unter der die „Black Rock" ausgelaufen ist, bekannt und das Verschwinden zumindest auf das 19. Jahrhundert datiert. Abbildung 10 verdeutlicht anhand dieses einen Elements als Erweiterung von Abbildung 7 das Vernetzungsprinzip der Fragmente unabhängig vom Trägermedium. Innerhalb des televisuellen Textes ist das Schiff Teil mehrere Fragmente: als Lagerort des dringend benötigten Dynamits, um die Luke zu sprengen, die sich als „DHARMA"-Station entpuppt (1.23-1.25), oder das Strandlager zu verteidigen (3.22/3.23); als Ort, an dem Sawyer Anthony Cooper (Kevin Tighe) tötet (3.19 „The Brig"); als Gemälde, das Charles Widmore (Alan Dale) ersteigert (3.08 „Flashes Before Your Eyes") und in seinem Schlafzimmer hängt (4.09 „The Shape of Things to Come") sowie in Jacobs (Mark Pellegrino) *Flashback* vor der Küste kreuzend (5.16 „The Incident, Part One"). Außerhalb des televisuellen Textes ist die „Black Rock" in ihrer Funktion als Dynamitlagerort ein Element des Videospiels, während in den ARG THE LOST EXPERIENCE und FIND 815 die erwähnten Hintergrundinformationen enthalten sind.

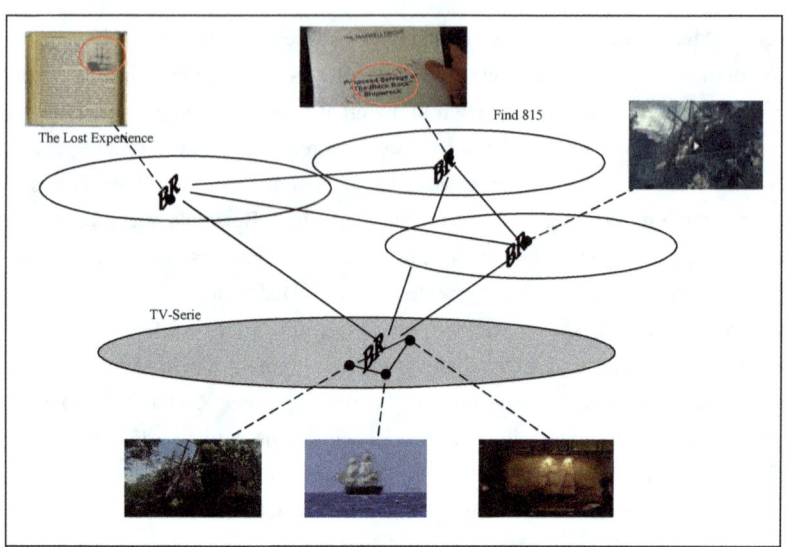

Abbildung 10: transmediale Erweiterung anhand des Verknüpfungselements
»Black Rock«; eigene Darstellung

Viele Details haben keinen Einfluss auf die übergreifende Narration; der Deutlichkeit halber muss an dieser Stelle erneut darauf hingewiesen werden, dass LOST nicht aus einer einzigen zusammenhängenden Narration besteht, sondern im Sinne des hypertextuellen Erzählens ein Netzwerk aus vielen kleinen Narrativen ist, die mit der zentralen übergeordneten Narration, den Geschehnissen auf der Insel, vernetzt sind (vgl. Kap. 4.1.). Die Details haben zwar für die übergeordnete Narration keine Bedeutung, aber fungieren als Verbindungspunkte der vielen kleinen Narrative, wie die Fragmente der Charakterhintergründe, untereinander und schließen diese an die Narration an, damit das textuelle Netzwerk entstehen kann. Damon Lindelof bestätigt diese Sichtweise[116] in Interviews, insofern viele Details als so genannte *Easter Eggs* eingearbeitet sind, um das aufmerksame Zuschauen zu belohnen und Diskussionen zu generieren (vgl. Askwith 2009, 169): zum Beispiel ist in 2.09 »What Kate Did « Sayid im Fernseher zu sehen, während Kate ihren Vater im Armeebüro besucht (vgl. Abb. 11). Dieses scheinbar unverbundene Detail führt zu der Frage, welche Relevanz den intratextuellen Verbindungen innerhalb des Seriennetzwerkes zugedacht wird.

---

[116] Askwith (2009, 169) bezeichnet das Nichtenthüllen implizierter Verbindungen als Missbrauch des Zuschauervertrauens, welches zu Enttäuschungen führt, wenn es keine entsprechende sinnvolle Enthüllung gäbe.

Generell ist jedes wiederkehrende Detail elementares Verknüpfungselement des Netzes und somit strukturell relevant, indem sie dieses herstellen und die Räumlichkeit der Erzählung entfalten lassen. Sayids Bild im Fernsehen kann in diesem Fall als Konstruktion des sozialen Netzwerkes betrachtet werden. Relevanz gewinnen Verlinkungen, wenn sie bedeutend für die einzelnen Narrative werden: beispielsweise kennt Sayid Kate Austens Vater aus dem Golfkrieg, in dem er Gefangener der US-Amerikaner gewesen und von diesem befragt wird (2.14 ››One of Them‹‹). Infolgedessen ist die Figur ›Sam Austen‹ ebenfalls ein strukturelles Verknüpfungselement im Netzwerk der Charaktere und entscheidender Link zur *Backgroundstory* von Sayid. Diese Aussagen beziehen sich nicht nur auf Charaktere[117] als Verbindungselemente, auch Gegenstände und Orte können als solche fungieren. Als Teil des strukturellen Netzwerkes ist beispielsweise die ››DHARMA-Initiative‹‹ und deren Aktionen auf der Insel – warum haben ausgerechnet auf dieser Insel Stationen gebaut? Welche differenten Funktionen haben diese Stationen? – nicht gelöst. Daraus lässt sich schließen, dass Elemente innerhalb kleiner Narrative relevant sind und ihre Bedeutung bisher erschlossen sein kann, sie zugleich im Rahmen des übergeordneten Rätselnetzwerks zwar das Narrativ anknüpfen, die übergeordnete Bedeutung aber weiterhin nicht ersichtlich ist, da entscheidende Fragmente zur Rekonstruktion noch nicht enthüllt sind. Anhand dieser Typologisierung wird noch einmal hervorgehoben, dass LOST nicht nur ein übergreifendes, zusammenhängendes Netz ist, sondern sich in viele, kleine Netzwerke verästelt (vgl. Kap. 4.1.), die anhand spezifischer Elemente verknüpft sind, so dass ebenso konstatiert werden kann, dass nicht jeder Verweis sich auf jedes Textfragment bezieht. Während der Re-

Abbildung 11: Sayid im Fernsehen

---

[117] Die Charaktere sind als ein Netzwerk unter vielen zu betrachten, das aufgrund der Funktion, dass Charaktere Träger der Narration sind, sehr offensichtlich und eng verwoben ist mit allen Narrativen und der übergeordneten Narration an sich. Je nach Fokus können Charaktere an Knotenpunkten mit anderen auch als Absprungstellen zu einem anderen narrativen Fragment fungieren, das in der linearen Medialität der televisuellen Narration nicht umgesetzt wird. Beispielsweise ist es denkbar, dass die Perspektive in Shannons Vergangenheitssequenz, ganz so wie es in EMERGENCY ROOM (USA 1994-2009, NBC) umgesetzt worden ist, durch das Erscheinen von Jack wechselt und dessen einnimmt, d.h. Jack fungiert als Link, der bei der Aktivierung einen Sprung zu einem anderen Textfragment zur Folge hätte beziehungsweise virtuell haben kann. Diese Verbindungsleistung, die oben beschrieben ist, obliegt jedoch in LOST allein dem Rezipienten.

zeption wird immer der Teil des Netzwerkes sichtbar, auf den durch die Wiederholung von Elementen der Fokus gelegt wird. Auch zeichnet sich LOST nicht nur durch narrative Verbindungen aus, sondern nutzt stilistische Elemente, wie zum Beispiel *Extreme Close-Ups* eines Auges[118] (vgl. Abb. 6c), das dem- oder derjenigen gehört, dessen/deren Erinnerungen in der jeweiligen Folge erzählt wird, als solches. Die *Flashbacks* beziehungsweise die jeweiligen Charakternarrative stehen in direkter Relation zu einem ›gegenwärtigen‹ Narrativ der Inselhandlung, da die Erinnerungsfragmente durch die Einsicht in den *character* dessen gegenwärtiges Verhalten erläutern, das im Kontrast zu den Zuschauererwartungen stehen kann. In 2.14 wird nicht nur die Verbindung im sozialen Netzwerk zwischen Sayid, Kate und deren Vater ausgebaut; zugleich ist das Vergangenheitsnarrativ und das gegenwärtige Handlungsfragment über die Folterthematik verknüpft: Sayid muss sich in der amerikanischen Gefangenschaft entscheiden, seinen ebenfalls gefangenen Vorgesetzten zu foltern (*Flashback*); auf der Insel wird Sayid diese moralisch bedenkliche Praktik ohne zu zögern anwenden, um Benjamin Linus alias Henry Gale[119] zu verhören, den er im Verdacht hat, einer der ›Anderen‹ zu sein.

Abbildung 12: »DHARMA«-Logo »The Swan« und die erste diegetische Präsenz (links)

---

[118] Der Einsatz dieses Stilmittels, welches sich im Sinne Mittells (2007, 167) als intrinsische Norm der LOST-Narration etabliert hat, so dass der Zuschauer sich sogleich einer zu erwartenden Rückblende und der zentralen Person der aktuellen Folge bewusst ist, ist technisch betrachtet eine Umkehrung der im Film konventionalisierten Form. Nicht die Kamera fährt an die Person heran, sondern eine extreme Nahaufnahme wird in LOST ausgezoomt. Das Augen-Motiv kann als Symbol für die Störung der Linearität und ebenso für die erfolgende »mental subjectivity« (Mittell 2010, 220) verstanden werden, zumal in vielen Kulturkreisen die Augen als Spiegel der Seele gelten.

[119] Der für die gegenwärtigen Inselhandlungen wichtige Charakter Benjamin Linus tritt in 2.14 unter dem Namen Henry Gale erstmals in Erscheinung und versucht unter diesem Pseudonym seine wahre Position als Anführer der ›Anderen‹ zu verschleiern.

Besondere Bedeutung kommt im transmedialen Netzwerk den vielfältigen fiktiven Institutionen wie der »DHARMA-Initiative«, der »Hanso-Foundation« etc. zu, deren entscheidender Beitrag zur Konstruktion der Inselnarration und dem übergeordnetem Geheimnis im Gegensatz zum sozialen Netzwerk nicht so offenkundig ist. Johnson (2009, 36f.) beobachtet, dass die Institutionen mit zunehmender Episodenzahl allgegenwärtig sind, da sie in der *Mise-en-scène* sukzessive anhand von Markenlogos verankert sind: beispielweise wird bei der Entdeckung der ersten Station »The Swan« in 2.01 ein oktagonales Logo (vgl. Abb. 12) eingeführt und mit der »DHARMA-Intiative« verbunden; dieses Logo, in dessen runder Mitte sich unterschiedliche Symbole befinden, ist nicht nur auf der Insel vorhanden, sondern auch in der Außenwelt, zum Beispiel lässt es sich in 5.06 »316« in einer Kirche in Los Angeles finden, die zugleich als »DHARMA«-Station fungiert. Gewiss lassen sich die institutionellen Verknüpfungspunkte ebenfalls der Relevanz zuordnen, doch ihre besondere Funktion beschränkt sich nicht nur auf die Organisation des *Plots* oder als Träger der Handlung: Johnson (2009, 40), der die narrative Divergenz unter der ökonomischen Perspektive analysiert, bezeichnet die Institutionen als Schnittstelle zwischen der *Storyworld* und der unternehmerischen Welt der Produzenten und Konsumenten[120], da diese die medialen Grenzen anhand der *sim-sites* überschreiten und in die reale Welt eindringen (vgl. Kap. 4.1.2.). Erweitern lässt sich diese Beobachtung unter ästhetischen Gesichtspunkten, insofern die Rezipienten mittels des Computers über diese Extensionen im Internet auf der institutionellen Ebene mit dem narrativen Universum verbunden werden. Diese Verbindungsformen sind allerdings nicht nur auf das Internet beschränkt: der während der Laufzeit von THE LOST EXPERIENCE vorübergehende Verkauf von »Apollo Candy Bars«, die sich unter anderem in der Vorratskammer der »DHARMA«-Station befinden, kann ebenso wie das Buch *»Bad Twin«*[121] als Verknüpfungspunkte betrachtet werden. Entscheidend für die Bedeu-

---

[120] Johnson (2009, 40f.) bezieht sich mit dieser Aussage auf die vorhandenen virtuellen Geschäftsbeziehungen, die zwischen den fiktiven und faktischen Unternehmen bestehen; zum Beispiel wurden auf *monster.com* Stellenanzeigen für die »Hanso-Foundation« geschaltet oder auf *apollocandy.com* findet sich Werbung für Jeep.

[121] Dieses wird als Manuskript untern den Trümmern der abgestürzten Maschine gefunden und von Sawyer in der zweiten Staffel gelesen. Im Rahmen von THE LOST EXPERIENCE wird es von Hyperion, einem Disney Verlag veröffentlicht, ist aber an sich kein *clue* im ARG. Relevanz besitzt es eher auf der paratextuellen Ebene, insofern die Geschichte des Buchautors, Gary Troup, als potenzieller *Plot* entwickelt wird: dieser saß in der Unglücksmaschine und ist die Person, die nach dem Absturz in die Unglücksmaschine gesogen wird. Die Widmung des Buches weist darauf hin, dass er mit Cindy, der Stewardess, die Jack im Flugzeug die Alkoholfläschchen zugesteckt hat, eine Liebens-

tung der Institutionen und derartiger Elemente ist, dass es in der faktischen Welt keine direkten Schnittpunkte zwischen den Rezipienten und den Charakteren geben kann, da diese als verschollen gelten müssen. Direkte Berührung kann es nur im umgekehrten Fall geben, das heißt, wenn der Rezipient in die fiktive Welt eintaucht und dort virtuell agiert, wie in VIA DOMUS. In diesem Spiel fungieren die Charaktere wie zuvor beschrieben innerhalb des Serientextes: sie erscheinen als strukturelle Verknüpfung in *Flashbacks*, sind Teil von Edward Maslos Inselnarrativs etc.

Je mehr Elemente und damit Verbindungen zu erkennen sind, desto mehr Fragen stellt sich der Zuschauer und desto undurchdringlicher erscheint das narrative, transmediale Netzwerk. Der Detailreichtum in LOST dient ebenfalls als bewusstes Stilmittel, um Desorientierung zu kreieren und kann verglichen werden mit permanent angebotenen Links in Hypertexten (vgl. Kap. 3.1.), die diese Reaktion eines Rezipienten zur Folge haben können. Dies macht die LOST-Narration derart komplex, dass die Zuschauer zwangsläufig ›Dinge‹ verpassen (vgl. Ross 2008, 204) und die Kohärenz der einzelnen Handlungsstränge, die unter den multiplen Fragmenten erinnert werden müssen, nicht erkennen können beziehungsweise diese komplizierter zu erkennen ist. In Verbindung mit dem großen Zeitraum, über den sich die Produktion und TV-Ausstrahlung erstreckt und den Pausen zwischen den einzelnen Staffeln, wird folgendes Problem evident: gerade weil die verbindenden Details ephemer sind, können sie oftmals nicht erkannt oder ohne weiteres zugeordnet werden. Sichtbar werden viele Verbindungen innerhalb des Serientextes erst bei der zweiten, dritten Sichtung oder im kommunikativen Austausch mit anderen (vgl. Kap. 4.3.), woraus bereits an dieser Stelle abgeleitet werden muss, dass LOST aus diesem Grund auch nicht als Serie funktionieren kann, die ›nur‹ einmal im Fernsehen geguckt wird. Denn je unaufmerksamer die Serie verfolgt wird, desto größer sind Desorientierung und Verwirrung, die den Rezipienten veranlassen, die Narration angesichts der nicht erkannten Struktur als nicht kohärent, unzusammenhängend und instabil zu empfinden und aus der seriellen Narration auszusteigen. Cuse sagt selbst, dass LOST wie ein Mosaik ist, dessen Teile in der Vergangenheit, Gegenwart und Zukunft verstreut sind, und das vollendet ist, wenn alle an ihrem Platz sind (vgl. Askwith 2009, 172). Die intratextuellen Verbindungselemente signalisieren den Anknüpfungspunkt des textuellen Frag-

---

beziehung unterhielt. Zum anderen ist das Buch der Grund für die Anschuldigungen und Anzeigenkampagnen in den Tageszeitungen, zumal der Troup auch ein Buch namens *»The Valenzetti-Equation«* geschrieben hat.

ments, damit es der richtigen Stelle im Puzzle beziehungsweise narrativem Universum zugeordnet wird. In diesem Zusammenhang helfen intratextuelle Strategien der Informationsorganisation wie *Recaps* zu Beginn mancher Episoden[122] oder ganze *Recap*-Folgen[123] bei der Zuordnung der neuen Fragmente, indem sie relevante Anknüpfungspunkte wiederholen und so die Rekonstruktionsleistung des Rezipienten unterstützen.

4.2.2. Das Netzerk wird ausgebaut – Intertextuelle Links

Demgegenüber dienen die vielfältigen externen Verbindungen nicht mehr als Organisationshilfen und Stützpfeiler der narrativen Ebene, sondern als Extension der bisher beschriebenen multiplen Bedeutungsebenen. Strukturell werden bereits vorhandene externe Texte, so genannte Prätexte, in das narrative Universum eingewoben, indem die Autoren bewusst und intentional auf diese anspielen oder verweisen. LOST ist voll derartiger kultureller Referenzen, deren Bandbreite von Philosophie bis zur Populärkultur reicht (vgl. Ross 2008, 9), obwohl sich zweifelsohne ein Schwerpunkt auf literarische Werke sowie philosophische und physikalische Thematiken feststellen lässt. Diese Referenzen sind ihrerseits wiederum Teil eines kulturellen Netzwerkes und potenzieren so die Vernetzung der Serie: in Episode 1.18 »Numbers« bezeichnet Charlie Hurley als »Colonel bloody Kurtz«, eine Referenz sowohl auf das Buch »*Heart of Darkness*« von Joeseph Conrad, als auch auf die Verfilmung APOCALYPSE NOW (USA 1979) von Francis Ford Coppola[124]. In beiden Werken findet sich die Figur eines verrückt gewordenen Colonels dieses Namens und der Verweis verstärkt infolgedessen das irrationale Verhalten von Hurley[125] innerhalb dieses Narrativs. Die

---

[122] Auffälligerweise arbeitet LOST nicht stringent mit *Recaps* zu Beginn von Episoden, manche beginnen unmittelbar mit der gegenwärtigen Handlung (1.03 »Tabula Rasa«) oder einem Flashback (1.05). Im Vergleich dazu beginnt DESPERATE HOUSEWIVES (USA 2004-, ABC), das doch weitaus weniger komplex strukturiert ist als LOST, fast jede Episode mit einer Rekapitulation.

[123] Der Grund für diese Form der Zusammenfassung ist eher als Hoffnung, neue Publika zu generieren, und als Strategie gegen den Zuschauerschwund zu deuten.

[124] Da in dieser Studie die Problematik von Verfilmungen und deren Werktreue irrelevant ist, sei nur kurz erwähnt, dass die Romanvorlage den Imperialismus in Afrika in Verbindung mit den Abgründen der menschlichen Seele thematisiert, während Coppola die Thematik in Ostasien ansiedelt und so den Vietnamkrieg kritisiert. Darüber hinaus gibt es noch weitere Verfilmungen, die nicht so bekannt sind wie Coppolas Film, deshalb fungiert dieser als exemplarischer Verweis.

[125] Dieses ist in der Episode darin begründet, dass Hurley auf der Insel zunehmend den Zahlen begegnet, mit denen er im Lotto gewonnen hat und die er als verflucht bezeichnet, denn nach dem Millionengewinn geschahen in Hurleys Umfeld einige Unglücke (1.18). Um anhand dieses Aspekts die Vernetzung erneut zu betonen, muss darauf hingewiesen werden, dass diese Zahlen identisch

intertextuellen Verweise erweitern, wie dieses Beispiel zeigt, die angelegten Bedeutungsebenen in LOST nicht nur eindimensional, das heißt auf der literarischen Ebene, sondern bezieht zugleich die filmische mit ein. Im Gegensatz zu Drangsholt (2009, 212), der behauptet, dass ein Einbinden von Prätexten als vertikale Erweiterung zu bezeichnen ist, lässt sich eine räumliche Entwicklung feststellen. Bereits die intratextuelle Analyse hat die multiplen Richtungen des LOST-Netzwerkes offenbart und durch das gleichzeitige Einbeziehen von Prätexten wird diese Vernetzung, die sich nicht auf eine strikte Trennung zwischen inter- und intratextuell beschränkt, ausgebaut. Ebenso reflektiert es den Grundgedanken der Intertextualität, insofern jeder Text auf einem anderen basiert und sich kein Ursprungstext festmachen lässt (vgl. Kap. 3.1.). Daraus lässt sich schlussfolgern, dass das **intra**textuelle Netzwerk von LOST, das sich wie in den vorherigen Kapiteln beschrieben in viele kleine hypertextuelle Narrative zergliedern lässt, durch diese Verweise auf kulturelle Texte zusätzlich **inter**textuell vernetzt wird. Auch dies ist wie die transmediale Erweiterung eine Überschreitung der ursprünglichen Grenze einer Serie und regt zu der Frage an, ob LOST abgesehen von der medialen Präsentationsform überhaupt noch Grenzen besitzt.

Wie in Kapitel 3.1. dargestellt, sind auch die intertextuellen Verweise keine faktisch aktivierbaren Verknüpfungen wie die Links eines Hypertextes, sondern simulieren deren Funktion ebenso wie die intratextuellen Verbindungen, insofern der Rezipient den jeweiligen Verweis erkennen und die Verbindung zu dem/n Prätext/en herstellen soll. Demgegenüber muss das hinweisende Detail jedoch nicht innerhalb des narrativen Universums wiederholt vorgekommen sein, um erkannt zu werden. Zu diesem Zweck bedarf der Rezipient eines entsprechenden Vorwissens, sozusagen eines externen Textwissens, um die Verweise wahrnehmen zu können. Aufgrund dessen wohnt diesem Prozess ebenfalls ein Wiederholungsmoment inne, da das Integrieren von externen Texten stets eine repetitive Präsentation in einem neuen Kontext ist (vgl. Eco 2002, 171) und diese für den Einzelnen nur sichtbar werden kann, wenn er sie bereits kennt. Das bedeutet auch, dass nicht vorausgesetzt werden darf, dass alle Zuschauer die Verweise innerhalb des Serientextes erkennen. Der Zuschauer, der die Referenz versteht, im Beispiel »>Colonel Kurtz««, stellt die Verbindung zu mindestens einem der Prätexte her. Darüber hinaus muss er die Bedeutung durch seine Assoziation konstruieren, indem er sein Wissen mit dem Textgeschehen verbindet und daraus

---

sind mit der »»Valenzetti-Gleichung««, die die Zerstörung der Menschheit voraussagt (vgl. Fußnote 101).

schließt, dass der Verweis das gegenwärtige unberechenbare Verhalten Hurleys affirmieren soll. Im Übrigen visualisiert dieses Beispiel, wie marginal die Markierung eines solchen Hinweises sein kann, denn intertextuelle Verweise sind fragmentarische Elemente aus einem oder mehreren Prätexten, die mehr oder weniger sichtbar sind: ein eingeblendetes Buch samt Titel kann eindeutiger als Referenz erkennbar sein als eine zitierte Figur. In LOST werden noch weitere Verweisformen eingebunden: neben den exemplifizierten Anspielungen und erwähnten Einblendungen, auch Zitate, Verweise auf bekannte Persönlichkeiten, Übernahme von ausgewählten Motiven oder auch Buchtiteln. Jedweder Verweis reichert die Narration mit zusätzlichen Bedeutungsebenen an. Dennoch kann ein einzelner unterschiedliche Relevanz für das textuelle Netzwerk besitzen. Das »›Colonel Kurtz‹«-Beispiel ist für die Inselnarration nicht relevant, sondern bezieht sich auf das gegenwärtige Charakternarrativ und lässt sich aufgrund des einmaligen Vorkommens in das Netzwerk der Spitznamen zuordnen, das es im LOST-Universum gibt[126].

Abbildung 13: Jules Vernes' LE CHANCELLOR

Neben der Erweiterungsfunktion durch das Offerieren prägnanter Charakterisierungen oder Interpretationsrichtungen, können sie auch als Abkürzung im Netzwerk dienen, insofern sie Ausblicke auf zukünftige Handlungsfragmente geben: in 4.07 »Ji Yeon« liest ein Besatzungsmitglied des Frachters, der vor der Insel liegt, Jules Vernes' »*Le Chancellor*« (vgl. Abb. 13); dieses Buch handelt von einem Schiffsuntergang, der durch ein Feuer der geladenen Baumwolle, die den ebenfalls geladenen Sprengstoff entzündet, ausgelöst wird, bei dem nur elf von 28 Menschen überleben, und kann als Verweis auf das Schicksal des Frachters gesehen werden, der in 4.14 »There's No Place Like Home, Part 3« aufgrund einer C4-Explosion gesprengt wird. Prinzipiell nur einmal verwendet werden intertextuelle Episodentitel, es sei denn, sie beziehen sich auf Doppel- beziehungsweise Dreierepisoden. In erster Instanz fungieren die Titel als **intra**textuelle Verweise auf den thematischen Schwerpunkt der jeweiligen Folge: beispielsweise 1.08 »Confidence Man« zentriert das Sawyer-

---

[126] Kulturell inspirierte Spitznamen werden in LOST hauptsächlich und sehr häufig von dem *character* Sawyer verwendet, der sich aufgrund der intertextuellen Respektlosigkeiten oftmals von der Gruppe distanziert.

Narrativ sowohl in der Insel-Gegenwart, als auch in den *Flashbacks*. In beiden Zeitebenen wird dieser *character* in seiner Identität als Betrüger dargestellt beziehungsweise die Motivation seines Handelns erläutert. **Inter**textuelle Episodentitel erweitern die Bedeutung der temporären Fokussierung ebenfalls um zusätzliche Ebenen: »There's No Place Like Home, Part One – Three« (4.12-4.14) ist ein Zitat aus der Verfilmung (beziehungsweise dem Buch) von Frank L. Baums THE WIZARD OF OZ (USA 1939, Victor Fleming) und verweist zum einen eindeutig auf die Thematik der drei Episoden, das Heimkommen der »Oceanic Six«. Allerdings muss der Titel als ironische Anspielung verstanden werden, da diese sich nicht wie Dorothy darüber freuen, sondern, wie die *Flashforwards* zeigen, verzweifelt sind, weil der Frachter explodiert und die anderen Überlebenden ›mit der Insel vom Erdboden verschwunden sind‹. Zum anderen reflektiert dieses Staffelfinale laut Drangsholt (2009, 222) das vorherige (»Through the Looking Glass, Part One & Two«, 3.22 und 3.23), insofern Frank L. Baum beim Verfassen seiner Bücher von Lewis Carroll inspiriert gewesen sein soll: sowohl Dorothy, als auch Alice befinden sich in einer surrealen Welt wieder und beide müssen Rätsel lösen, Aufgaben erfüllen und Abenteuer überstehen; ebenso wie die Überlebenden von Flug »Oceanic 815« (oder auch Spieler von Computerspielen).

Darüber hinaus gibt es wiederkehrende intertextuelle Verweise, zu denen die Namen einiger Charaktere gehören, die nach bekannten Persönlichkeiten oder literarischen Figuren benannt wurden oder diese als Pseudonym verwenden: wie John Locke, Danielle Rousseau, George Minkowski, Desmond David Hume, Daniel Farraday, Henry Gale, Mikhail Bakunin, um nur einige zu nennen. Dieses »name-doubling« (Drangsholt 2009, 215) kann als fragmentarischer Verweis auf das Leben und Werk beziehungsweise Funktion der jeweiligen Person/Figur verstanden werden. De facto wird durch die Namensgebung eine Interpretationsrichtung vorgegeben, da auf einen essentiellen Aspekt in der Entwicklung des LOST-*character* gedeutet wird (vgl. ebd.), der innerhalb des narrativen Universums verhandelt werden soll: Der Name Hume beispielsweise verweist auf die Grenzen des freien Willens und die Vorbestimmung der Ereignisse (vgl. Larson 2008), welches sich im Desmond[127]-Narrativ spiegelt. Dieser Charakter, der mit seinem Schicksal hadert und diesem zu entkommen versucht, muss in 3.08 »Flashes Before Your Eyes« akzeptieren, dass er sein

---

[127] Desmond gehört nicht zu den Überlebenden von Flug »Oceanic 815«, sondern befand sich nach einer versuchten Weltumseglung bereits seit drei Jahren auf der Insel (2.01, 2.22, 2.23).

Schicksal zu erfüllen hat[128]. Zudem ist in diesem ein Zwiespalt etabliert, da er auch als Odysseus-Figur fungiert; ergo eine mythologische Figur, die auch gehindert wurde heimzukehren, aber gegen dieses Schicksal ankämpfte, welches als Ausdruck des freien Willens zu deuten ist. Diese intertextuelle Verbindung erschließt sich jedoch erst durch das intra- und intertextuelle Netzwerk, insofern die Segelregatta, an der Desmond teilnimmt (2.23), in Verbindung mit dem Namen seiner Geliebten, Penelope[129] (Sonya Wagner), und die beinahe Rückkehr in 3.08 diese Interpretation ermöglichen. Neben dem *name-doubling* gibt es **inter**textuelle Verweise unter anderem auf literarische Motive oder Handlungselemente, die durch ihr Wiederholungsmoment eine Doppelfunktion innerhalb des LOST-Netzwerkes übernehmen, indem sie ebenfalls als **intra**textuelle Verknüpfung etabliert werden. Ein Beispiel, das die mögliche Komplexität der intertextuellen Verweise in LOST verdeutlicht, ist das Motiv des ›*white rabbits*‹: ein Element[130], das fragmentarisch auf die Alice-Romane von Lewis Carroll verweist und eines von vielen ist, das in LOST auf diese Bücher zurückzuführen ist. Das weiße Kaninchen, das Alice mit einer Uhr im Garten erblickt, ist der Grund, warum sie in das Loch und so ins Wunderland fällt. Eingeführt wird das ›*white rabbit*‹-Motiv in das LOST-Universum durch den Titel der Episode fünf der ersten Staffel und einen metaphorischen Handlungsbogen, indem Jack der mysteriösen Erscheinung, seinem ›*white rabbit*‹, in den Dschungel folgt und Wasser findet (vgl. 4.1.1.). Das weiße Kaninchen kann als Symbol für das Surreale, Traumhafte einer fiktiven Welt verstanden werden und darauf hinweisen, dass das Erzählte nicht als Faktum aufgefasst werden soll oder muss. Der folgende Dialog zwischen Jack und Locke verdeutlicht diese zwei konträren Sichtweisen und kann auch autoreflexiv verstanden werden, das heißt als Appell an den Zuschauer die Serie als fantastische Narration wahrzunehmen:

---

[128] In dieser Episode erwacht Desmond nach der Implosion der Schwan-Station mit dem Bewusstsein von 2004 in seinem Körper von 1996, das heißt er unternimmt unter vollem Bewusstsein eine Zeitreise, die stilistisch nicht fragmentiert dargestellt wird. Er versucht seine Entscheidung, Penny zu verlassen, zu revidieren und sie stattdessen zu heiraten, obwohl er beim Kauf des Rings von Eloise Hawking (Fionnula Flanagan), darauf hingewiesen wird, dass er nicht dazu bestimmt sei. Letztendlich entscheidet er doch, sich seinem Schicksal zu fügen.

[129] Penelope wartet ebenso wie ihre antike Namensgeberin auf ihren Mann, der auf den Weltmeeren als verschollen gilt, obwohl sie zuvor von ihm verlassen wurde und will sich nicht anderweitig verheiraten (2.23 »Live Together – Die Alone, Part One«).

[130] Andere Elemente aus den Alice-Romanen, die sich in Lost wiederfinden lassen: das Interesse an Spielen, die Zeit-Thematik oder auch die Auseinandersetzung mit wissenschaftlichen Theorien, um nur eine Auswahl zu nennen.

Jack: I'm chasing something, someone.
Locke: Ah, the white rabbit ... Alice in Wonderland!
Jack: Yeah, Wonderland, because who I'm chasing ... he's not there.
Locke: But you see him?
Jack: Yes! But he is not there!
Locke: And if I came to you and said the same thing then what would your explanation be as a doctor?
Jack: I'd call it a hallucination. A result of dehydration, post traumatic stress, not getting more than two hours sleep at night for the past week. All of the above.
Locke: All right, then your are hallucinating ... but what if you're not?
Jack: Then we're all in a lot of trouble.
Locke: I'm an ordinary man, Jack, all meat and potatoes, I live in the real world, I'm not a big believer in magic, but this place is different, it's special. The others don't wanna talk about it because it scares them, but we all know it, we all feel it. Is your white rabbit a hallucination? Probably! But what if everything that happened here, happened for a reason? What if this person you are chasing is really here?
Jack: That's impossible!
Locke: Even if it is. Let's say it's not.
Jack: Then what happens when I catch him?
Locke: I don't know. But I looked into the eye of this island and what I saw was beautiful.

In LOST folgen viele Charaktere mysteriösen Erscheinungen, wie Shannon dem verschollenen Walt (2.06), und/oder Tieren[131], wie Sawyer einem Wildschwein[132] (1.16 ››Outlaws‹‹) oder Kate einem Rappen (2.09 ››What Kate Did‹‹), die aufgrund der Vergangenheitselemente zugleich eine weitere Verknüpfung zwischen den Zeitfragmenten herstellen. Auffallend ist die Verwendung des ›white rabbit‹-Motivs in ››Through the Looking Glass‹‹ (3.22/3.23), einer Doppelepisode, die ebenfalls nach einem Carroll-Buch benannt wurde. *Looking Glass* ist eine altmodische Bezeichnung für einen Spiegel und bezieht sich rein faktisch auf den Namen einer ››DHAR MA‹‹-Station, die unter der Wasseroberfläche liegt. Das Logo der Station ist ebenfalls ein intertextueller Verweis, der als Betonung der Bedeutungsebene gelten kann, insofern sich ein

Abbildung 14: ››DHARMA‹‹-Logo der ››Looking Glass‹‹-Station

---

[131] Es stellt sich die Frage, ob nicht all die zwingenden Gründe, die jeder der Überlebenden hatte, um den Flug ››Oceanic 815‹‹ zu nehmen, als Verfolgen eines weißen Kaninchens zu bezeichnen sind.
[132] Ein Schwein mit der Seele eines Menschen ist ebenfalls als intertextueller Verweis auf *Alice in Wonderland* zu deuten, da sich der Säugling, den Alice aus dem Haus der Herzogin mitnimmt, in ein Ferkel verwandelt (vgl. Carroll 1994 [1865], 66ff.).

weißes Kaninchen mit einer Uhr auf diesem befindet (vgl. Abb. 14). Zum einen lässt sich dieser Verweis als Spiegel in eine andere Welt betrachten, da die Überlebenden in dieser Episode zum ersten Mal Kontakt mit der Außenwelt haben. Zum anderen kann er mit der erläuterten Deutung, ein Symbol für die Surrealität des LOST-Universums, verbunden werden, zumal Charlie sinnbildlich einem weißen Kaninchen, dem »DHARMA«-Logo, unter die Oberfläche folgt[133]. Diese Symbolik wird auch durch die Wiederholung des ›white rabbit‹-Motivs in 4.14 eingebunden, in der Kate eine mysteriöse Begegnung mit Claire am Bett von Aaron hat; mysteriös, weil Claire nicht zu den »Oceanic Six«

Abbildung 15: Tennielis Illustration als Poster in Aarons Zimmer

gehört und zudem im Inselnarrativ als verschollen gilt, da sie mit dem ›toten‹ Christian Shepard fortgegangen ist. In dieser Szene hängt an der Tür des Kinderzimmers eine Zeichnung von John Tenniell (vgl. Abb. 15), der Carrolls Bücher im Original illustriert hat. Darüber hinaus wird durch die Verknüpfungen der Alice-Motivik auf zwei Erzählungen verwiesen, in der der Autor mit einigen Theorien des 19. Jahrhunderts gespielt hat: der »Looking Glass«-Verweis kann ebenso auf die Umkehrung der Erzählzeit in LOST verstanden werden, da in der Welt hinter den Spiegel alles seitenverkehrt ist; denn zu den *Flashbacks* treten ab diesen Episoden die *Flashforwards*. Das Kaninchen-Motiv als intertextueller Verweis beschränkt sich in Lost nicht nur auf Carrolls Romane, sondern ist durch Richard Adams »*Watership Down*«, John Steinbecks »*Of Mice and Men*« oder auch Stephen Kings »*On Writing*«[134] zu einem intertextuellen Netzwerk verbunden, das durch die Wiederholung an das intratextuelle angeknüpft wird. Bei diesen illustrierenden Beispielen darf nicht vergessen

---

[133] Zwar stirbt Charlie in der »Looking Glass«-Station, aber da das Erscheinen von Toten im LOST-Universum möglich ist, ist die Deutung des ›white rabbit‹ als Zeichen für Surrealität nicht aufgehoben. Interessant wäre prinzipiell auch eine Analyse von LOST unter der Perspektive des Magischen Realismus, insofern auch das Schiff »Black Rock« als intertextueller Verweis auf Gabriel García Márquez Roman »*Cien años de soledad*« (dt. »*Hundert Jahre Einsamkeit*) verstanden werden kann.
[134] Während Richard Adams Fabelgeschichte von einem Kaninchenvolk handelt, das eine neuen Heimat finden muss, und in John Steinbecks Roman der Protagonist Lennie von einer eigenen Kaninchenzucht träumt, fungiert das Kaninchen ins Kings autobiografischem Buch als Imaginationsanweisung für den Leser.

werden, dass es stets nur eines unter einer immensen Vielzahl von anderen intertextuellen Verweisen und intratextuellen Verknüpfungselementen ist, wodurch sich die jeweilige Interpretation als eine Bedeutungsschicht unter multiplen bezeichnen lässt, die nicht zu einer einzigen übergreifenden Lösung führen kann und soll. Grundsätzlich erweitern, vertiefen oder kommentierten diese Sinnebenen die Texteinheiten der *Plot*ebene und bieten, wie gezeigt wurde, Abkürzungen oder Wissensvorsprünge an und geben infolgedessen Hinweise auf die Lesart der Serie. Auch können sie ganz im Sinne Lindelofs als Bonus für den aufmerksamen Zuschauer fungieren, insofern sie ›einfach nur‹ erkannt werden können und dem Zuschauer Vergnügen bereiten (vgl. Eco 2002, 165). Des Weiteren sollen diese ›Belohnungen‹ einen Diskurs generieren, da das Erkennen von Referenzen unweigerlich zu Spekulationen über deren Bedeutungen führt (vgl. Pearson 2007, 249). Seiler (2008, 52) weist jedoch daraufhin, dass diese Verweise im Kontext des LOST-Universums nicht immer zuverlässig sein müssen, sondern auch manipulativ verwendet werden können[135].

Generell lässt sich aus dieser Analyse mit Ndalianis (2005, 85) Worten ableiten, dass die Bedeutungsgenerierung von Narrationen zunehmend von den Zuschauern abhängt. Diese müssen in der Lage sein, Texte beziehungsweise textuelle Bruchstücke in Beziehung zu setzen, um die Kohärenz einzelner Handlungsstränge beziehungsweise der ganzen Serie herzustellen. Die multiplen Anspielungen und Referenzen auf externe Texte können, wie erwähnt, großes Vergnügen bereiten und als Möglichkeit dienen, den Rezipienten immer tiefer in die Narration zu ziehen und an das Programm zu binden. Allerdings lauert in einem derart komplexen Serienkonzept, in dem jeder Verweis auch ein Schlüssel zum Verständnis bedeuten kann, die Gefahr, dass der Einzelnen alleine keine kohärente Bedeutung mehr herstellen kann beziehungsweise der reguläre Fernsehzuschauer die Narration aufgrund der Verteilung auf andere mediale Plattformen und der Einbindung textfremden Wissens nicht mehr verstehen kann (vgl. Jenkins 2006a, 99f.). Diese immense Vernetzung auf multiplen Ebenen, die den Zuschauer über die transmedialen Extensionen anknüpft, wird durch den Diskurs über die Serie, der größtenteils im Internet stattfindet, zusätzlich erweitert und lässt LOST »teils als Text, teils als Archiv, teils als Ausgangspunkt, teils Netzwerkknoten eines rhizomatischen, dehnbaren Netzes der Kommunikation zwi-

---

[135] Zum Beispiel habe die Referenz auf Flann O'Briens »*The Third Policeman*« zu der Deutung geführt, dass die Insel ein Äquivalent für die Hölle sei (vgl. Seiler 2008, 52); eine Theorie, die inzwischen von offizieller Seite entkräftet wurde.

schen Gruppen« (Elsaesser 2009, 258) betrachten. Die Serie soll als proklamiertes »mothership« (vgl. Kap. 4.1.2.) als stabiles Zentrum des Universums gelten und mit dem Abschluss der sechsten Staffel nicht erweitert werden (vgl. Kap. 4.1.1.), was einer rhizomatischen Struktur nicht entspräche. Diese restriktiven Aussagen verdeutlichen jedoch vornehmlich den Kontrollanspruch der Produzenten über ihr Werk, denn die enzyklopädische Kapazität (vgl. Jenkins 2006a, 116) des narrativen Universums, von dem nur ein kleiner Teil sichtbar ist, führt zu einer immensen Zuschaueraktivität. Bisher beschränkt sich dieses Ziegenhagen (2009, 52) zufolge eher auf das Recherchieren und Sammeln von Informationen und weniger auf das Erweitern des offiziellen Textes unter anderem in Form von *Fan Fiction*[136], was aber nicht bedeuten muss, dass sich das nicht noch ändern kann, so dass der Serientext, der zugunsten von Kohärenz in seiner beliebigen Verknüpfbarkeit eingeschränkt ist, ganz im Sinne Deleuze/Guattaris (19, 36) zu einer Mitte wird, »von der aus es wächst und sich ausbreitet« und vielleicht auch verschieben kann. Letztendlich haben die Produzenten keinen Einfluss auf die Aktivitäten der Fans, weshalb das Ende der Serie auch nicht mit dem Endpunkt des LOST-Netzwerkes gleichgesetzt werden kann[137].

4.3. »*The Variable*«
– Oder: »*The People Formerly Know As The Audience*«[138]

Der schon in der Textanalyse kontinuierliche Verweis auf das zu erwartende Rezipientenverhalten führt notwendigerweise zu der Frage, was dieses Serien-Konzept generell über den Zuschauer aussagt beziehungsweise welche/s Konzept/e vom Zuschauer bei einer derartigen Konstruktion einer Serie abzulesen ist/sind. Diese soll im Folgenden unter der Einbeziehung der Hypertext-Perspektive und der aktuellen Diskussionen über die Transformation des Publikums, deren momentaner Stand durch den Untertitel dieses Kapitels pointiert ausgedrückt wird, beantwortet werden. Aufgrund des umfangreichen Diskurses werden ausgewählte Modelle, die sich auf unter-

---

[136] Ziegenhagen (2009, 52) verweist auf eine Studie, die von Porter und Lavery 2005 unter den LOST-Fans durchgeführt und bei der festgestellt wurde, dass 17 Prozent der Befragten schriftlich aktiv sind. Im Vergleich dazu sind andere Serienfans mit 30 Prozent fast doppelt so aktiv.

[137] Diese Konfrontationen der Positionen, Fans *versus* Produzenten, exemplifiziert die in Kapitel 2.2. erwähnte Bilateralität der *convergence*-Prozesse.

[138] Staffel 5, Episode 14 (5.14) – Das anschließende Zitat stammt von Jay Rosen und wurde von Henry Jenkins und Mark Deuze (2008, 9) in ihrem Editorial zum *Convergence*-Journal verwendet. Es bezieht sich auf die gegenwärtige Problematik, für den Zuschauer eine angemessene Bezeichnung zu finden, da der Zuschauer-Begriff zu einheitlich, Konsumenten zu passiv, Produzenten eher unzutreffend, *prosumer* nicht nachweisbar ist.

schiedliche Rezipientenaktivitäten beziehen und relevant für LOST sind, kurz vorgestellt. Allerdings muss betont werden, dass dies kein vollständiger Überblick sein wird und daher kein Anspruch auf Vollständigkeit unterlegt werden kann. Da die Synergieeffekte der ökonomischen und technologischen *convergence*-Prozesse sich auch auf das soziale Verhalten auswirken, werden vorab die Rezeptionsgewohnheiten beziehungsweise die heutigen Möglichkeiten, televisuelle Programme zu rezipieren, untersucht.

4.3.1. Das fragmentierte Publikum oder: der Tod der *Couch Potato*!

Die gegenwärtige Medienlandschaft ist, wie zuvor erläutert (vgl. Kap. 2.2.; Kap. 4.1.2.), geprägt von einem Zuwachs an diversen Medientechnologien, wie zum Beispiel digitale Videorekorder (DVR) oder *Video-on-Demand*-Angebote[139], sowie einer zunehmenden Anzahl an Fernsehendern[140]. Dem Zuschauer wird auferlegt, aus diesem Medienangebot zu wählen und zu entscheiden »what, when, and how he watches media« (Jenkins 2006b, 135)[141]. Für das Fernsehen bringt dieser Prozess eine Fragmentarisierung des Publikums mit sich, das nicht mehr als die Einheit betrachtet werden kann, als die die Sender es betrachten möchten. Dennoch ist das Fernsehen weiterhin die populärste Freizeitbeschäftigung[142] sowie Quelle sozialer Interaktion.

---

[139] Aktuellen Schätzungen zufolge besitzen ungefähr ein Drittel der US-Haushalte einen digitalen Videorekorder und circa 42 Prozent nutzen die *Video-on-Demand*-Angebote (vgl. Stipp 2009, 227).

[140] Seit der Verbreitung des Internets hat sich die Anzahl der Kanäle in den USA mehr als verdoppelt, laut Nielsen-Daten von durchschnittlich 41,1 im Jahr 1995 auf 118,6 im Jahr 2007, wodurch die Reichweiten des jeweiligen Marktführers innerhalb der letzen 20 Jahre von 20 bis 25 auf elf Prozent gesunken sind und knapp 90 Prozent der Programme weniger als ein Prozent der Zielgruppe erreicht. Als Folge dieser Veränderungen lässt sich feststellen, dass auch die großen *Networks*, die an sich auf das größtmögliche Massenpublikum abzielen, zunehmend zielgruppenorientiert programmieren (vgl. Stipp 2009, 228).

[141] Diese Entscheidungsfreiheit ist jedoch als vermeintlich zu bezeichnen. Jenkins (2006b, 141) selber verweist hinsichtlich der entstehenden *Fan-Communities* auf die Begrenzungen der nationalen Märkte, die ein zeitgleiches Rezipieren aller weltweit verhindern. McQuail (2009) entlarvt die angebliche *User*-Freiheit noch differenzierter: da die Medienkonzerne unter anderem weiterhin diktieren, welche Produkte in welcher Form auf den offiziellen Plattformen zugänglich sind, halten diese die ›Fäden in der Hand‹. *User*-Freiheit gilt augenscheinlich nur in den USA, während die restliche Welt aufgrund von internationalen Geschäftsabkommen von den kostenfreien Angeboten ausgeschlossen ist, oder bewahrheitet sich nur, wenn bestehende Gesetze missachtet werden.

[142] Laut einer Studie im Jahr 2007 verbringen die US-Bürger ungefähr 2,6 Sunden pro Tag vor dem Fernsehen, welches nur von Schlafen und Arbeiten übertroffen wird (vgl. Mittell 2010, 368). Die Zahlen entsprechen den Verhältnissen in Deutschland im Jahr 2006 mit durchschnittlich 2,5 verbrachten Stunden vor dem TV-Gerät (vgl. Gerhards/Klingler 2007, 299).

Neben dem Akt des ›(Fern-)Sehens‹ beschäftigt das Gesehene die Menschen auch darüber hinaus: es besteht das Bedürfnis, darüber nachzudenken, sich zu unterhalten oder zu informieren, und bewirkt, dass soziale Kontakte zu ähnlich Interessierten geschmiedet werden (vgl. Mittell 2010, 368f.). Da die Diversifikation dazu führt, dass die Gleichgesinnten nicht immer im persönlichen Umfeld zu finden sind, verlagern sich die Diskurse über TV-Programme zunehmend ins Internet (vgl. Ross 2008, 9). Nach wie vor werden Serien überwiegend konventionell im Fernsehen rezipiert (vgl. Stipp 2009, 228). Dies trifft auch auf LOST zu, obwohl die Zuschauerzahlen in den USA im Laufe der Staffeln von 15,69 (Staffel eins) auf 11,05 Millionen (Staffel fünf) gesunken sind[143]. Das regelmäßige Fernsehen ist ein kulturelles Ritual und fördert das Gemeinschaftsgefühl: auch wenn der jeweilige Zuschauer alleine vor dem Fernseher sitzt und eine favorisierte Serie (oder auch ein anderes Format) sieht, kann er sich sicher sein, dass Millionen Gleichgesinnter dies ebenfalls tun. Der Internetdiskurs ist diesem »›appoinment television‹« (Brooker 2009, 58) bisher noch untergeordnet, da die an der *Online*-Kommunikation interessierten Rezipienten erst die Ausstrahlung verfolgen, um sich anschließend in den Foren auszutauschen (vgl. Jenkins 2006b, 141). Ziegenhagens Ergebnisse[144] (2009, 128ff.) bestätigen für LOST diese Beobachtung und zeigen, dass der *Live*-Charakter des Fernsehens[145] weiterhin relevant für die Erstsichtung ist und dass die befragten Fans die Serie mehrmals innerhalb kürzester Zeit anschauen wollen[146]. Zu diesem Zweck müssen die Zuschauer wegen

---

[143] ABC veröffentlicht einmal jährlich, nach Ablauf der *Season*, ein *Ranking*, in dem 200 Programme nach ihrer durchschnittlichen Zuschauerzahl und Quote gelistet werden. Die vollständigen Zahlen für LOST lauten folgendermaßen: 2004/05 Platz 15 mit 15,69 Mio. (5,6%); 2005/06 Platz 15 mit 15,5 Mio. (5,5%); 2006/07 Platz 10 mit 17,84 Mio. (6,3%); 2007/08 Platz 17 mit 13,4 Mio. (4,7%); 2008/09 Platz 28 mit 11,05 Mio. (3,8%) (vgl. *abcmedianet.com*). In Deutschland sind die Zuschauerzahlen der *Free*-TV-Ausstrahlung auf ProSieben im Laufe der ersten vier Staffeln in der werberelevanten Zielgruppe um die Hälfte gesunken: Staffel eins 1,91 Mio. (14,6%), Staffel zwei 1,35 Mio. (10,9%), Staffel drei 1,1 Mio. (9,0%) und Staffel vier 0,74 Mio. (7,2%) (vgl. *quotenmeter.de*).
[144] Ziegenhagen (2009) hat eine nicht repräsentative Umfrage in deutschen und angloamerikanischen Fanforen unter der Perspektive des *engagement*-Konzepts, das Askwith 2007 vorgestellt hat, durchgeführt. Da dieses Konzept sehr ökonomisch orientiert ist, um den Sendern eine qualitative Messmethode transmedialer Erzählungen zu ermöglichen, wird es im Rahmen dieser Studie nicht weiter verfolgt. Ziegenhagens empirische Untersuchungsergebnisse werden jedoch einfließen, da sie eine der ersten Studien, zumindest in Deutschland, erstellt hat, die auch die Sehgewohnheiten und nicht nur die Motivation erfragt.
[145] Der *Live*-Charakter des Fernsehens bezieht sich hier nicht auf die Übertragung eines simultan stattfindenden Ereignisses, sondern auf zeitgleiche Erfahrung der Zuschauer.
[146] Ziegenhagen (2009, 128ff.) stellt fest, dass für die deutschen Fans die Fernsehausstrahlung nicht unbedingt mit der Erstsichtung gleichzusetzen ist und sie in der Beschaffung der Episoden auf

fehlender zeitnaher TV-Wiederholungen auf das *multiplatform*-Angebot[147] zurückgreifen, zumal es inzwischen eine industrielle Praktik ist, Serien als Videodateien zu veröffentlichen. Allerdings erweist sich das Rezipieren von digitalen Dateien als essentielle Abweichung von der televisuellen Sehpraktik. Den Zuschauern wird ein Spektrum an Aktionsmöglichkeiten eröffnet, die sie nutzen können, aber nicht müssen: die einzelnen Episoden können, bei DVR bereits während der Ausstrahlung, angehalten, zurückgespult und wiederholt angeschaut werden; die Folgen müssen nicht in der vorgegebenen Reihenfolge gesichtet, sondern können unabhängig von der Staffel ausgewählt werden; darüber hinaus weist Brooker (2009, 52) auf die Durchlässigkeit der Bildschirmgrenzen hin, da der Zuschauer nur noch einen Klick vom Kerntext entfernt ist:

> Downloaded TV gives the viewer the ability to freeze the fiction and click just a millimetre to the left to travel down ›rabbit-holes‹ into ARG spin-offs and simulation sites (sim-sites), or to minimise the show to check the current frame against an online reference, then grab the image, paste it into a discussion board and wait for the replies.

und weiter:

> The viewer – or perhaps we should use another word, such as player or participant – can delve like a hacker into the levels of the show's intrigue, then return with a single click to the neighbouring window where the primary text, whether fan video, *Lost* episode, chat show or advertisement, is freeze-framed for analysis (ebd., 56).

De facto sind diese Aktivitäten nicht nur, wie Brooker sagt, beim *Download* möglich, auch das Rezipieren einer DVD am Computer oder eines *Streams* ist eine identische Erfahrung; darüber hinaus befindet sich der Fernseher meistens in direkter Nähe zu einem internetfähigen Computer, der wiederum auch an einem TV-Gerät angeschlossen sein kann. Bedeutender ist jedoch Brookers Hinweis, dass die Texte, wenn sie an einem Computerbildschirm betrachtet werden, kaum noch voneinander abgegrenzt sind. Der Zuschauer kann zwar nicht wie bei einem Hypertext direkt mit dem audiovisuellen Serientext agieren - Versuche wie ABC ENHANCED (vgl. Fußnote 112) haben sich bis jetzt noch nicht durchgesetzt - es kommt diesem aber doch recht

---

eine Vielzahl von Angeboten zurückgreifen. Dies ist hauptsächlich auf die sehr verspätete Ausstrahlung im *Free*-TV zurückzuführen, während die US-Amerikaner neben den *add-on*-Technologien die angebotenen *Streams* oder *Downloads* nutzen.

[147] Marshall (2009, 41) weist darauf hin, dass sich das Rezeptionsverhalten vieler junger Menschen dahingehend verändert hat, als dass die meisten eher einen Computer als einen Fernseher besäßen. Dennoch bedeute dies nicht das Ende der Institution Fernsehen, denn die meisten würden sich weiterhin an den TV-Programmen orientieren und sie sich per *Download* oder *Stream* im Internet anschauen (vgl. ebd.).

nahe. Videodateien ermöglichen eine präzise Analyse einzelner Bilder, was bei der heutigen hohen Schnittfrequenz während der laufenden Ausstrahlung kaum möglich ist. Ob nun einmal wöchentlich oder in ››binge sessions‹‹ (ebd., 60)[148], die Zuschauer besitzen die Souveränität über ihre Rezeptionsgewohnheiten. Der große Erfolg der Fernsehserien als DVD-Box-Set[149] weist darauf hin (vgl. Kompare 2006, 335ff.), dass diese zunehmend mehrmals rezipiert werden. Sascha Seiler (2008, 8) stellt sogar die These auf, dass LOST, wie viele andere zeitgenössische Serien, nicht mehr für den Fernsehkonsum konzipiert sei. Dies bedarf einer Relativierung, insofern behauptet werden kann, dass nicht mehr ausschließlich für die Fernsehrezeption produziert wird. Vielmehr soll unter anderem durch komplexes Erzählen zur mehrfachen Sichtung angeregt werden, um die Verwertungskette voll auszuschöpfen (vgl. Kap. 4.1.2.). Diese veränderten Rezeptionsgewohnheiten verdeutlichen das Dilemma der Fernsehsender und der Werbeindustrie: trotz gegenteiliger Positionen aus der Wissenschaft, vornehmlich den *Cultural Studies*, und des Wissens um *Zapping* und *Multi-Tasking*[150], wurde der Zuschauer jahrelang als Teil eines konformen Publikums, das passiv vor dem Gerät sitzt und sich vom Programm ›berieseln‹ lässt, betrachtet und an die Werbeindustrie ›verkauft‹. Die gegenwärtigen Entwicklungen – unter anderem der Quotenrückgang, die Fragmentisierung des Publikums, der im Vergleich zu anderen Serien vorhandene Erfolg komplexer Narrationen – haben, so zumindest deutet die momentane Suche nach einem adäquaten Messwerkzeug[151] hin, auch bei den Entscheidungsträger zu der Erkenntnis geführt, dass der Zuschauer nicht mit der sogenannte *Couch Potato*, die vermutlich noch nie existiert hat, gleichzusetzen ist, sondern je nach Bedürfnis[152] eine äußerst aktive Person ist.

---

[148] Als ››binge session‹‹ wird das durchgängige Anschauen einer ganzen Staffel auf DVD oder per *Download* bezeichnet (vgl. Brooker 2009, 60).

[149] Laut Marshall (2009, 47) sind Fernsehserien eine Haupteinnahmequelle auf dem DVD-Verkaufs- und –Verleihmarkt mit einem weltweiten Verkauf von 2,6 Billionen Kopien beziehungsweise zehn Prozent des Gesamtumsatzes 2005.

[150] *Multi-Tasking* bezieht sich auf das Fernsehen als ›Nebenbei-Medium‹, insofern parallel Arbeiten im Haushalt erledigt werden, soziale Interaktion oder andere Mediennutzung stattfindet (vgl. Mittell 2010, 370). Verbunden ist diese mit dem ››distracted glance‹‹ (ebd., 371), dem abgelenkten Blick, der verhindert, dass komplexe Sachverhalte wahrgenommen werden können.

[151] Seit 2007 erfasst Nielsen neben den regulären Einschaltquoten auch DVR und gemeinschaftliches Fernsehen, da sich bis zu 16 Personen an einem Messgerät anmelden können (vgl. en-us.nielsen.com). Diese Methode wird seit Juli 2009 auch von der GfK durchgeführt (vgl. Böhme 2009).

[152] Diese Einschränkung soll darauf hinweisen, dass diese Aussagen nicht bedeuten, dass der Zuschauer rund um die Uhr kognitiv gefordert werden will. Auch weiterhin haben konventionelle Se-

4.3.2. Der LOST-Zuschauer[153] oder: der ›*fanish viewer*‹?

Die zuvor proklamierte Diversifikation des Publikums, die die Sender wahrgenommen haben, führt dazu, dass Programme konzipiert werden, die vielfältige Rezeptionsaktivitäten ermöglichen und auch verlangen, um Zuschauer an diese zu binden. Im angloamerikanischen Wissenschaftsraum wird dafür der Terminus *engagement*[154] verwendet; als Hypernom bezeichnet dieser, angefangen bei der kognitiven Aktivität in der Rezeptionssituation, alle Formen von Zuschaueraktivität, die in Relation zu einer Serie wie LOST stehen (vgl. Ziegenhagen 2009, 56f.). Daraus lässt sich schließen, dass die laut Ross (2008, 210) früher geltende Dichotomie in ›reguläre‹ TV-Zuschauer, deren Aktivität ausschließlich auf die Rezeption der televisuellen Ausstrahlung und die eventuell folgende Konversation beschränkt ist, und Fans, deren Aktivitäten wiederum mit der Ausstrahlung ihren Ausgangspunkt nehmen (vgl. Mittell 2010, 374), nicht mehr gelten kann. Die Übergänge zwischen den unterschiedlichen Verhaltensformen sind fließend und erschweren die Deduktion allgemeingültiger Aussagen. Problematisch gestaltet sich für die folgende Diskussion die Unsichtbarkeit der TV-Zuschauer, da sie von den Fankativitäten im Internet überlagert werden. Mittell (2010, 380) vertritt aufgrund dessen die Ansicht, dass das Verstehen von Fankulturen das allgemeine Verständnis hinsichtlich des Repertoires an Aktivitätsformen unterstützt. Der einzelne Zuschauer kann aus diesem auswählen, um sich mit einer Serie auseinanderzusetzen oder er entscheidet sich bewusst dafür, passiv, im Sinne der regulären Rezeption, zu bleiben. Basierend auf dieser Prämisse wird im Folgenden der wissenschaftliche Fandiskurs hinsichtlich spezifischer Aktivitäten als Diskussionsgegenstand genutzt, um zu verdeutlichen, über welches Aktivierungspotenzial ein hypertextuell strukturierter Text wie LOST verfügt. Es muss jedoch betont werden, dass die Ergebnisse nicht mit der Annahme gleichgesetzt werden dürfen, dass jeder LOST-Zuschauer derartig agiert. Das Internet, das den Fans aus der Nische hinaus in den Fokus des kulturellen Interesses verholfen hat (vgl. Jenkins 2006a,

---

rien großen Erfolg, was darauf zurückzuführen ist, dass entspannende Unterhaltung an sich ein Grundbedürfnis in der Freizeit ist.

[153] Auch wenn die Überschrift ›»Der LOST-Zuschauer...«‹ wieder einmal den Singular verwendet, soll dies nicht auf ein homogenes Zuschauerkonzept zurückführen, sondern ist lediglich der Simplifizierung geschuldet.

[154] Konträr zu Ziegenhagen (2009, 55), die das ökonomische Konzept ins Deutsche übertragen hat (vgl. Fußnote 144) und infolgedessen den Begriff ›Engagement‹ als eingedeutschte Form der amerikanischen Bedeutung verwendet, wird in der vorliegenden Studie die englische Schreibweise präferiert, um auf das zugrundeliegende Konzept zu verweisen.

12), ermöglicht allerdings jedem an den Fanaktivitäten, wie den öffentlichen Diskussionen teilzunehmen, welches die Analyse erschwert. Die netzwerkartige Gestaltung des Textes, inklusive der Verteilung auf andere mediale Plattformen, ist, neben den analysierten ästhischen Aspekten, ökonomisch ausgedrückt, als Bindung der Rezipienten an das Produkt zu sehen. Das Werben um den Fan soll zugleich die Aufmerksamkeit der vielen anderen Zuschauer generieren und diese animieren, aktiver werden[155] (vgl. Ross 2008, 210). Um nicht fortlaufend im Singular zu sprechen, wird im Sinne der Fragmentierung auch von Zuschauersegmenten gesprochen, die sich aus bestimmten Aktivitätsformen generieren. Diese können nicht stringent voneinander getrennt werden, da sie, wie erwähnt, ineinander übergehen oder sich überschneiden, und besitzen in der folgenden Präsentation einen modellhaften Charakter.

4.3.2.1. Die kognitiv (inter-)aktiven Rezipienten

Die in den vorangehenden Kapiteln geleistete strukturelle Analyse hat verdeutlicht, dass LOST eine aktive Beschäftigung fordert. Christian Junklewitz (2009a) beschreibt sehr anschaulich die Herausforderung, die der Kerntext an sich an den Zuschauer stellt:

> Erst kürzlich bin ich an der Universität wieder einem Dozenten begegnet, der - allerdings nach der Kenntnis nur sehr weniger Folgen - ernsthaft in Zweifel zog, dass es mit der Komplexität von »Lost« so weit her sei. Spätestens mit der fünften Staffel kann man hier als regelmäßiger Zuschauer der Serie nur fassungslos den Kopf schütteln. Denn ein Mehr an narrativer Komplexität, als das, was »Lost« derzeit zu bieten hat, ist ja kognitiv kaum noch zu bewältigen. Dabei ist es nicht nur die Zahl der Handlungsstränge, die den Zuschauer geistig auf Trab hält. Es ist die schier endlose Summe an Querverbindungen, die zu jedem Zeitpunkt neu verarbeitet werden muss. Die Serie verlangt von uns, dass wir a) uns ständig neu auf der Zeitachse orientieren, dabei b) im Gedächtnis behalten, wer sich gerade wo bzw. wann befindet und c) gleichzeitig die Lösung der Geheimnisse auf der Insel nicht aus den Augen verlieren [...] Mit Berieselung, wie sie die klassische Kritik am Unterhaltungsfernsehen postuliert, hat dies wahrlich nichts mehr zu tun. Im Gegenteil: Hier artet Serienschauen ja schon fast in Arbeit aus.

Die Arbeit, die der LOST-Zuschauer Junklewitz zufolge zu erledigen hat, ist eine kognitive Rezeptionsleistung, da die netzwerkartige Erzählstruktur eine höhere Aktivität als konventionelle TV-Programme verlangt (vgl. Mittell 2009, 128f.). Grundsätzlich wird jeder Zuschauer durch diese Struktur aufgefordert, die unzähligen Details und Textfragmente zu entdecken, zu verbinden und nach Chronologie sowie Kausalität zu sortieren, so dass die *Story* rekonstruiert werden kann. Diese Aufforde-

---

[155] Letzten Endes steht hinter allen innovativen Ideen zur Aktivitätssteigerung der Zuschauer das ökonomische Ziel, die Quote und somit die Werbepreise konstant zu halten, damit eine derart komplexe Serie wie LOST wirtschaftlich funktionieren kann.

rung ist unabhängig von der Motivation[156] des Einzelnen, die Serie anzuschauen; das heißt, es ist irrelevant, ob diese im Spaß an den Rätseln und Mysterien, in den *Action*-Sequenzen oder im Interesse an den zwischenmenschlichen Beziehungen und romantischen Momenten[157] liegt. Durch die aktive Beschäftigung mit dem Text soll der Zuschauer enger an diesen gebunden werden, und derjenige, der die Rekonstruktion der *Story* als interessant empfindet, wird auch weiterhin die Serie anschauen. Wesentliche Voraussetzung für diese intellektuelle Aufgabe ist das aufmerksame, konzentrierte Rezipieren der einzelnen Episoden[158], um die Verbindungen mittels der Erinnerungsleistung herzustellen. Daraus ergibt sich, dass LOST nicht für ein Zuschauersegment konzipiert ist, das die Serie nebenbei schaut oder an Entspannung interessiert ist. Ebenfalls nicht angesprochen werden gelegentliche Rezipienten, da regelmäßiges Verfolgen der Serie konstitutiv für das Verständnis ist: »»In fact, in the series' later episodes, it is often literally impossible to understand the narrative action without first viewing (or reviewing) several earlier episodes«« (Askwith 2007, 118). Fördert der regelmäßige Fernsehturnus das Spekulieren und Recherchieren, welches für viele den besonderen Spaß an LOST ausmacht, sowie das Gemeinschaftsgefühl (vgl. Brooker 2009, 58), so bedarf die Enthüllung der Strukturen der mehrfachen Sichtung, da der Blick zu diesem Zweck nicht von den emotionalen Momenten des *Plots* abgelenkt sein darf (vgl. Gray/Mittell[159] 2007). Generell ist die Form des analytischen Rezipierens kein neues Modell, bereits in den achtziger Jahren beschrieb Eco (2002, 168) einen Pakt, der zwischen seriellen Werken und dem kritischen Leser[160], ergo Zuschauer, besteht, insofern dieser durch die Konstruktion animiert wird,

---

[156] Askwith (2007, 118f.) und Pearson (2007, 250) sehen in der thematischen Vielfalt, der umfassenden Mythologie, der emotionalen Charakterzeichnung sowie der undefinierten Genre-Konzeption Gründe für den großen Erfolg beim Kult-, als auch beim *Mainstream*-Publikum.

[157] Es gibt laut Abbott (2009, 18) beispielsweise eine Untergruppe von Kult-Fans, *shipper* genannt, die sich mit den romantischen Beziehungen von Charakteren auseinandersetzen, aktiv darüber diskutieren, *Fan Fiction* verfassen und glauben, dass bestimmte Paarungen zusammengehören.

[158] Ziegenhagens (2009, 120f.) Ergebnisse zeigen zudem, dass die befragten Fans die TV-Erstausstrahlung von LOST-Episoden richtiggehend zelebrieren, indem sie hochkonzentriert und gespannt vor dem Gerät sitzen, um keine Details zu verpassen.

[159] Gray und Mittell beziehen sich in diesem Aufsatz auf *Spoiler*, so genannte Informationen, die vorab bekannt werden. Da der Status dieser Informationen oftmals spekulativ oder unzuverlässig ist, wurde entschieden, diese im Rahmen der vorliegenden Studie nicht näher zu analysieren; sie sind jedoch als allgemeine kulturelle Praxis interessant.

[160] Eco hat im Rahmen seiner Arbeit »*Lector in Fabula*« ein zweidimensionales Zuschauer-/Leserkonzept entwickelt, das einem Text unterliegt: einen Typus bezeichnet er als den naive Leser, der »das Werk als semantisches Gebilde« (2002, 168) wahrnimmt und sich so von den narrativen In-

»die innovativen Kräfte des Textes freizulegen« (ebd.), welche mit Mittells »operational aesthetics« (2006, 35) vergleichbar sind. Erleichtert wird diese Aufgabe dank der Funktionen der digitalen Technologien, die unter anderem das Anhalten des Bildes sowie das Vor- und Zurückspulen erlauben (vgl. Kap. 4.3.1.), denn »[b]y halting the image or repeating sequences, the spectator can dissolve the fiction so that the time of registration can come to the fore« (Mulvey 2007, 184). Aufgrund dessen spricht Laura Mulvey[161] (ebd., 28) in diesem Kontext von »›digital‹« oder auch »›interactive spectatorship‹«, insofern sie diese Funktionen als Eingriff in das narrative Muster beziehungsweise als »attacking the text's original cohesion« auffasst. Übertragen auf LOST lässt sich ableiten, dass die Rekonstruktion von Kohärenz in nonlinearen Erzählungen gleichbedeutend ist mit dem virtuellen Eingriff in die Kohäsion[162] des *Plots*. Dieser ist, wie die Analyse gezeigt hat, eine Aneinanderreihung fragmentarischer Texteinheiten (vgl. Kap. 4.1.) und muss mithilfe der wiederkehrenden Elemente umsortiert sowie verknüpft werden (vgl. Kap. 4.2.), um die Bedeutungsebenen der einzelnen Handlungsstränge zu erkennen. Durch das Aktivieren einer Taste entscheidet der Zuschauer, aus der vorgegebenen linearen Rezeptionsform auszusteigen und dem aktuellen Handlungsstrang durch seine Erinnerungsleistung oder tatsächlich, durch das Ansehen der entsprechenden Episoden, zu folgen (vgl. Kap. 3.1.). Die Auswirkungen dieser Interaktionsform sind, so lange nicht darüber kommuniziert wird, im Verhältnis zwischen dem einzelnen Rezipienten und dem Text sichtbar und nicht während des ursprünglichen televisuellen Rezeptionsaktes möglich[163]. Um in Interaktion mit dem Kerntext zu treten, muss dieser das Ursprungsmedium verlassen und auf digitalen Plattformen, DVD oder *Online*, erfahrbar werden.

---

halten ablenken lässt, während der andere Typus der besagte kritische Leser ist, der die variantenreichen Strategien erkennt, mit denen die Serien konstruiert werden.
[161] Obwohl Mulveys Fokus auf dem Film liegt, können ihre Aussagen auf narrative Fernsehformate übertragen werden, denn der Film wird nicht mehr ausschließlich im Kino, sondern oft im Fernseh-Dispositiv wahrgenommen, das sich durch die technologischen Erneuerungen zunehmend dem des Kinos annähert und dieses zu simulieren versucht.
[162] Kohäsion, ein linguistischer Begriff, bezieht sich hier auf die Gestaltung des *Plots*, der für einen linearen Rezeptionsprozess konstruiert ist, vergleichbar mit der Konstruktion eines Satzes.
[163] Diese Aussage muss relativiert werden, insofern bereits Digitalreceiver das Anhalten während der Ausstrahlung ermöglichen. Der Begriff ›ursprüngliche televisuelle Rezeption‹ bezieht sich auf das Ansehen der Episode während der Ausstrahlung, ohne dass der Zuschauer aus dem *flow* aussteigt.

4.3.2.2. Detektive und Experten

Die erwarteten mehrmaligen Sichtungen spiegeln sich in der Konstruktion des Kerntextes von LOST, welches aus der nonlinearen Erzählform sowie der Fülle an wiederkehrenden, teilweise ephemeren Details, von denen jedes relevant für die Bedeutungserschließung sein kann, abgeleitet werden kann. Wie in Kapitel 4.2. analysiert, fungieren die vielen intra- und intertextuellen Elemente, vergleichbar mit Links in Hypertexten, als Aufforderung an die Zuschauer, diesen im Rezeptionsprozess zu folgen. Über die beschriebene Interaktion zwischen Rezipienten und dem Text hinaus appellieren diese an Zuschauersegmente, die als »hyper-attentive« (Mittell 2009a, 128) charakterisiert werden können. Im Vergleich zu kognitiv (inter-)aktiven Zuschauern werden diese von Neugier und einem Verlangen angetrieben, den Text zu entziffern, indem sie die technologischen Möglichkeiten nutzen (vgl. Mulvey 2007, 194): wesentliche Merkmale sind das Anhalten der laufenden Episoden (»stilling«), um das stillstehende Bild nach Details abzusuchen[164], die zum weiteren Nachdenken anregen, und der Akt der Wiederholung (»repitition«) (vgl. ebd., 184). Gleich Ecos Leser-Detektiv (vgl. Wirth 1997, 326ff.) suchen diese Zuschauer den medialen Raum Bild-für-Bild beziehungsweise Text-für-Text ab[165], während ihre Blicke durch die wiederholte Rezeption geschärft sind, und erkennen die relevanten Elemente, die die Fragmente in Verbindung setzen. Das ›weitere Nachdenken‹ ist der eigentliche Dechiffrierprozess, da die jeweilige Bedeutung trotz der gezogenenen Relation verschlüsselt ist. Die mit einer detektivischen Mentalität ausgestatteten Rezipienten leiten durch Assoziationen, ergo »Erfinden einer plausiblen Erklärung« (ebd., 328) Hypothesen ab – ein Vorgang, der als Abduktion bezeichnet wird – und überprüfen diese logisch und empirisch am gesamten textuellen Netzwerk (vgl. ebd.). Mulvey (2007, 181ff.) bezeichnet einen derartig konzipieren Zuschauer als »pensive spectator«[166], der ihrem »interactive spectatorship«-Entwurf zugehörig ist. Aus dieser kur-

---

[164] Brooker (2009, 52) merkt in diesem Zusammenhang an, dass Fans auch schon zu Zeiten des analogen Videos beziehungsweise während der TV-Ausstrahlung ohne Aufnahmemöglichkeiten eine genau Textanalyse durchgeführt haben, indem sie intensiv Notizen anfertigten.

[165] Um Missverständnisse zu vermeiden, muss darauf hingewiesen werden, dass sich diese Suche nicht nur auf den audiovisuellen Kerntext beschränkt, sondern auch transmediale Texte einbezieht. Zum Beispiel werden weiterführende Hinweise zur Lösung der Rätsel an den unterschiedlichsten Orten versteckt: während THE LOST EXPERIENCE befand sich auf der Webseite *apollocandy.com* eine URL im virtuellen Schokoriegel, der durch einen Doppelklick erst zerbricht und die Einzelteile vom *User* zusammengesetzt werden müssen (vgl de.lostpedia.wikia.com/wiki/Apollocandy.com).

[166] Dieses Modell ist eine Weiterentwicklung ihres ›curious spector‹ (vgl. Mulvey 2007, 191), indem sie Bellours Ansatz übernommen hat, der diese Ideen nur antizipieren konnte (vgl. ebd.,

zen Darstellung wird zugleich ersichtlich, dass die Detektive oder auch ›Forensiker‹ (vgl. Mittell 2009a, 128) aufgrund des zu erbringenden Zeitaufwandes ein kleines Segment unter den Rezipienten bilden. Denn obwohl vermutlich viele regelmäßige LOST-Zuschauer schon mal eine Episode gestoppt und sich das Bild näher angeschaut, vielleicht sogar zurückgespult oder es mit einer anderen Episode verglichen haben, wird, so darf behauptet werden, das Gros der Zuschauer keine akribische ›»frame-by-frame«‹-Analyse (Brooker 2009, 62), auch ›»forensic detection«‹ (ebd., 61)[167] genannt, durchführen.

Die Deduktion von Hypothesen verlangt auch das Netzwerk der intertextuellen Verweise, allerdings differenziert es sich hinsichtlich der Voraussetzungen. Nicht detektivischer Spürsinn, sondern spezialisiertes Wissen muss vorhanden sein, um das weite Spektrum aus hoch- und populärkulturellen Prätexten zu erkennen. Intertextualität ist ein Kennzeichen zeitgenössischer Formate (vgl. Ndalianis 2004, 88) und bezieht durch seine Ausrichtung unterschiedliche Expertengruppen mit ein: das Spiel mit physikalischen Theorien in LOST ist beispielsweise von einem Laien kaum zu verstehen, selbst wenn er eine intertextuelle Referenz, wie den Namen ›Faraday‹, der auf einen englischen Physiker gleichen Namens verweist, erkennt und um dessen Konzeption vom ›Faradayschen Käfig‹ weiß, muss er dennoch nicht mit dessen Theorien vertraut sein und kann infolgedessen die zusätzlichen Bedeutungsebenen nicht erfassen. Generell vergrößern diese die Vernetzung des Textes und fordern somit die gebildeten Zuschauer beziehungsweise die Experten heraus. Um die Referenzen wahrzunehmen, bedürfen die Rezipienten nicht immer eines ›geschärften Auges‹, sondern auch eines ›gespitzten Ohres‹: während die Einblendung von Büchern offenkundig sind, sind Zitate, Namen oder Motive verschlüsselte Hinweise, die fragmentarisch auf einen Prätext verweisen. Auch sie fungieren als Rätsel, die das kulturell gebildete Segment durch Kognition lösen muss. Wie in Kapitel 3.1. und 4.2.2. erläutert, bewirkt der intertextuelle Verweis aufgrund des Erkennens eine Verknüpfungsleistung, indem sich an den Prätext erinnert wird. Da der Verweis nicht gleichzusetzen ist mit der entsprechenden Bedeutungsebene, muss die Lücke zwischen den Texten gefüllt

---

195). Das Verhalten des *curious spectator* sah Mulvey beschränkt auf Avantgarde-Filme, welches nur auf einen kleinen elitären Zuschauerkreis zutraf, wohingegen jedermann, der Zugang zu digitalen Technologien hat, Teil des ›*pensive spectator*‹-Segmentes sein kann (vgl. ebd. 191).
[167] Mulvey (2007) bezieht sich in ihrem Buchtitel ›»*Death 24x times a second*«‹ auf diese Bild-für-Bild-Analyse, insofern der Zuschauer durch das Drücken eines Knopfes den digitalen Film fragmentarisiert und die Illusion sowie Bewegung ersterben.

werden, indem ebenfalls plausible Erklärungen erdacht und am Text verifiziert werden müssen. In diesem Zusammenhang besteht, wie am Beispiel erläutert, die Möglichkeit, dass die Rezipienten die Referenz zwar erkennen, aber keine Hypothesen ableiten können, welches als textuelle Aufforderung fungieren und ein eigenständiges Recherchieren und Nachlesen bewirken soll. Diese reflexive Form der Bedeutungsgenerierung ist im Produktionsprozess fest eingeplant und ermöglicht diesem Zuschauersegment ebenfalls aktiv an der Entschlüsselung der *Story* beteiligt zu sein (vgl. Ndalianis 2004, 72). Ohne Vorwissen oder Recherche können die vielen intertextuellen Rätsel von einem einzelnen Zuschauer nicht gelöst werden, welches in der heutigen Medienlandschaft jedoch, um mit Eco (2002, 171) zu sprechen, zwar »Pech für ihn, aber kein Drama« ist.

4.3.2.3. *Ein Netzwerk voller Detektive und Experten*

Denn im Sinne des in Kapitel 3.2. vorgestellten Hyperfiktion-Konzeptes kann auch LOST aufgrund von Komplexität und Ausmaß der multiplen Bedeutungsebenen nicht von einem Einzelnen allein entschlüsselt werden. Die Überfülle des gesamten LOST-Netzwerkes bietet multiple Bedeutungsebenen, die die Rezipienten abhängig nach Vorwissen und Aufmerksamkeit herauslesen können. Mit einem großen Maß an Aktivität und einer hohen Toleranzschwelle gegenüber der Verwirrung und Desorientierung ist der Kerntext, wie erwähnt, von einem regelmäßigen Zuschauer zwar zu bewältigen, das heißt, dass grundlegende Bedeutungsebenen im Sinne der Produzenten erfasst werden können. Allerdings konstatieren die fallenden Quoten (vgl. Fußnote 143), dass dieser Position Skepsis entgegen gebracht werden sollte. Je nach Rezipient bleiben viele Verweise und Details, ergo multiple Bedeutungsebenen, verborgen und das LOST-Universum wird in seiner Tiefe nicht erfahrbar. Anhand von Jenkins' (2006a, 11) Postulat – »None of us can know everything, each of us know something; and we can put the pieces together if we pool our resources and combine our skills« – wird die Bedeutung der sozialen Kommunikation für den Dechiffrierungsprozess evident, insofern sich die einzelnen Zuschauer mit anderen zusammenschließen und über die differenten Lesarten austauschen sollen. In Kapitel 4.3.1. wurde erläutert, dass soziale Kommunikation über TV-Programme nicht neu ist; das Novum ist die Verlagerung dieser ins Internet, das durch seine raum- und zeitüberschreitenden Charakteristika prinzipiell die virtuelle Zusammenkunft vieler mit gemeinsamen Interessen erlaubt. Basierend auf den Ideen Pierre Lévys kreiert Jenkins (2006a, 11ff./ 2006b, 137) den Begriff »knowledge communities«, die er als »voluntary, temporary, and tactical affiliations, defined through common intellectual enterprises and emotional investments«< definiert, welche »>are held together through the mutual production and reciprocal exchange of knowledge.«< Diese *Communities* setzen sich meist aus Fans[168] zusammen und verständigen sich einerseits laut Jenkins (2006b, 139) über das gemeinsame Wissen (»shared knowledge««) oder teilen andererseits die von den Detektiven und Experten erkannten Bedeutungsebenen, wie die intertextuellen Verweise, allen mit und erweitern somit den Wissensstand der Gemeinschaft (»collective intelligence««). Die gemeinsame Diskussion – Reden ist ein elementarer Bestandteil der *knowledge communities* – dient der Zusammenführung der unterschiedlichen Lesarten und des Expertenwissens (vgl. ders. 2006a, 127): sie werten die narrativen Momente und strukturellen Details durch wiederholtes Analysieren aus (vgl. Ross 2008, 188); sie spekulieren und stellen Hypothesen sowie Theorien auf, die mit jedem neuen Detail beziehungsweise jedem neuen Textfragment, das sie suchen und sammeln, zur Disposition gestellt werden (vgl. Jenkins 2006a, 127). Zusammen werden die Interpretationen durch das Sortieren und Verbinden der Details und Fragmente nach den kausalen und chronologischen Ordnungsmustern erarbeitet. Dank des Internets findet dies in der Öffentlichkeit statt[169] und prinzipiell kann jeder an diesem teilnehmen, wodurch Bedeutungsgenerierung zu einem kollektiven Prozess geworden ist[170] (vgl. Jenkins 2006a, 11; 2006b, 140). Da die beschriebenen Aktivitäten die gleichen sind wie die der Zuschauerdetektive und Experten (vgl. Kap. 4.3.2.2.) können die *knowledge communities*, die diese Resultate

---

[168] Fans haben sich schon lange vor dem Internet zu virtuellen Gemeinschaften zusammengeschlossen und ihr oftmals einziger jährlicher Treffpunkt waren die *Conventions*. Sie boten laut Mittell (2010, 374f.) früher eine der wenigen Möglichkeiten, die räumlichen Grenzen zwischen den einzelnen Fans aufzuheben sowie zwischen den Fans und dem Fernseher, da Schauspieler, Produzenten etc. teilweise anwesend sind.

[169] Diese öffentlichen Diskussionen nutzen den Produzenten und Autoren als *Feedback*-Ressource (vgl. Mittell 2006, 32), unter anderem wird das Forum *thefuselage.com* als offizielle Seite des LOST-Kreativteams bezeichnet und von Produzent J. J. Abrams gesponsert (vgl. http://www.thefuselage.com/). Durch die kommunikative Verbindung zu den Fans kann unmittelbar auf negative Stimmungen reagiert werden: beispielsweise wurden die in der zweiten Staffel neu eingeführten Hauptfiguren Nikki (Kiele Sanchez) und Paolo (Rodrigo Santoro) aufgrund negativer Resonanz aus der Serie herausgeschrieben (vgl. Poniewozik 2006).

[170] Dieser Prozess ist von einer auffälligen Schnelligkeit geprägt, insofern die Rätsel oft unmittelbar gelöst werden (vgl. Brooker 2008), welches darin zu begründen ist, dass der Diskurs direkt nach der Ausstrahlung einer Episode beziehungsweise schon in den Werbepausen beginnt (vgl. Jenkins 2006b, 141). Da es aufgrund des beschriebenen Geschäftsmodells der *Networks* (vgl. Fußnote 141) keine zeitgleiche Ausstrahlung der Serie gibt, ist die *Online-Community* von LOST regional fragmentiert (vgl. ebd.).

lediglich gemeinsam erbringen, als Netzwerke voller Detektive und Experten bezeichnet werden.

4.3.2.4. Co-Autoren als Prosumer

Fanarbeit beschränkt sich auch bei LOST nicht nur auf die Forendiskussionen, insofern sie ihre Aktivitäten unter anderem auf das »charting chains of commands, constructing timelines, assembling reference guides, transcribing dialogue« (Jenkins 2006a,128) ausgeweitet haben. Bei der Visualisierung der komplexen Zusammenhänge werden die heutigen technologischen Möglichkeiten voll ausgeschöpft, wie das in Kapitel 4.1.1.1. abgebildete Synchronisierungsvideo des Flugzeugabsturzes verdeutlicht. Zuschauer können aufgrund der gegenwärtigen »Amateurkultur« (Reichert 2008, 12) des Internets als *Prosumer* agieren, das heißt, sie sind nicht nur Konsumenten der Serie, sondern zugleich Produzenten, indem sie vorhandene Textfragmente, die zuvor kognitiv sortiert wurden, innovativ umsetzen und das Ergebnis allen zur Verfügung stellen. Laut Mittell (2008), der ein ähnliches Video[171] auf dem Portal IN MEDIA RES[172] veröffentlicht hat, zeigt es, in welcher Form die Fragmentarisierung des Textes das Zuschauer-*engagement* fordert, und er betont, welchen Einsatz eine solche Bedeutungsgenerierung verlangt. Dieses Video exemplifiziert zudem, inwieweit sich Fans von den aktiven Zuschauern unterscheiden: eine Arbeit dieser Art erfordert einen sehr großen Zeitaufwand und kann nur von jemand erbracht werden, der emotional mit der Serie verbunden ist (vgl. ders. 2010, 380). Jason Mittell (2009b), der sich selbst als LOST-Fan beziehungsweise im Sinne Jenkins als *Aca/Fan*[173] bezeichnet, hat seine Mitarbeit an dem Wiki[174] LOSTPEDIA[175], der umfang-

---

[171] Im Rahmen dieser Studie ist bei der Recherche nach Fanvideos festgestellt worden, dass die *User* außerhalb der USA nicht nur von den *Streams* und *Downloads* aktueller Episoden ausgeschlossen werden, sondern auch Fanvideos auf Plattformen wie YouTube oder *mediacommons* verweigert werden, womit die *User*-Freiheit erneut im Sinne der Medienkonzerne beschnitten wird.

[172] IN MEDIA RES ist ein Experiment im Rahmen des Portals *mediacommons* und will einen kritischen wissenschaftlichen Austausch über die Medien in einer direkten Umgebung fördern und Diskussionen anstoßen, indem täglich ein kurzer Videoclip veröffentlicht und mit einigen Worten begleitet wird (vgl. http://mediacommons. futureofthebook.org/imr/about/).

[173] Henry Jenkins hat diesen Begriff, eine Zusammensetzung aus **aca**demic und **fan**, Anfang der 90er Jahre geprägt. Dieser soll die divergierenden Perspektiven auf den gleichen Gegenstand ausdrücken und so sein Ziel, diese beiden näher zu bringen, verdeutlichen (vgl. http://www.henryjenkins.org/aboutme.html).

[174] Ein Wiki ist eine Webseite, die von *Usern* gemeinschaftlich erstellt wird (vgl. Mittell 2009b). Das in Kapitel 3.1. erwähnte WIKIPEDIA ist die bekannteste Seite dieser Art.

[175] LOSTPEDIA ist eines der ersten und inzwischen der erfolgreichsten Wikis, das sich in einem derartigen Umfang mit einer TV-Serie beschäftigt. Gestartet wurde es 2005, ungefähr zeitgleich mit

reichsten *Online*-Enzyklopädie zu LOST, aufgrund des nicht mehr zu bewältigenden Zeitaufwandes aufgeben müssen. LOSTPEDIA ist der Beweis für die enzyklopädische Kapazität des Serien-Konzeptes, da es ohne den Detailreichtum, die ausgefeilten Hintergrundgeschichten, ungelösten Rätsel, vielfältigen Informationen und transmedialen Extensionen (vgl. Jenkins 2006b, 145) keine Partizipation gäbe. Dieses »system of participation« (Mittell 2009b) fungiert als Sammelplattform der verstreuten Textfragmente und gewährt vielen einen Zugang zu der komplexen Mythologie, indem es das Netzwerk für die unterschiedlichsten Zuschauersegmente so komprimiert, dass diese bei ihrer individuellen Bedeutungsgenerierung aus diesem ›Pool‹ der Informationen schöpfen können. Folgende Zahlen bestätigen, dass das Anlegen einer derartigen Enzyklopädie weiterhin Fanarbeit ist: an den ungefähr 5.000 LOSTPEDIA-Seiten der amerikanischen Version[176] mit 600.000 kurzen Artikeln haben 25.000 registrierte *User* gearbeitet (vgl. ebd.), welches im Vergleich zu durchschnittlich 15 Millionen US-Zuschauer[177] pro Staffel ein geringer Anteil ist. Daraus lässt sich konstatieren, dass die Mitwirkung der Vielen, die unter dem Schlagwort *participatory culture* beschworen wird, sich in Bezug auf LOST als Arbeit von Wenigen und Nutzen für Viele identifizieren lässt.

Grundsätzlich entspricht LOSTPEDIA der Definition eines fanproduzierten *Online*-Paratextes, da es »original and recycled images, details about the show, interpretations and evaluations of episodes, and links to other fansites and online resources« (Mittell 2010, 376) beinhaltet, und in seiner hypertextuellen Form als charakteristischer Paratext der *convergence*-Ära bezeichnet werden kann. Es ist somit nicht nur eine Sammelplattform, sondern im Sinne Elsaessers (2009, 258) ein Netzwerkknoten, der sowohl fanproduzierte Paratexte durch interne und externe Links mit dem offiziellen Netzwerk verbindet, als auch die unterschiedlichen Zuschauersegmente damit vernetzt. Die Archivierungsfunktion, die sich nicht nur auf die offiziellen Texte beschränkt, bringt die räumlich verstreuten Textfragmente zusammen und in konzentrierter Form an die faktische Welt heran. Insbesondere die inoffiziellen Paratexte werden zunehmend an Relevanz gewinnen, insofern diese nach dem Produktionsende

---

dem Beginn der zweiten Staffel, von Kevin Croy als technischer Softwaretest und wuchs überraschend schnell zu einem ausgereiften Portal mit zugehörigem Forum, Blog und *Chatroom* (vgl. Mittell 2009b).

[176] Insgesamt gibt es mit der englischen und deutschen zehn Sprachversionen von LOSTPEDIA (vgl. Mittell 2009b).

[177] Diese Zahl wurde selbst aus den jährlichen ABC-Durchschnittszahlen (vgl. Fußnote 143) ermittelt.

der Serie das LOST-Universum textuell und/oder narrativ erweitern werden. Diese These bezieht sich auf die kreativen Fanarbeiten, vor allem *Fan Fiction*, von Fans geschriebene Geschichten, die in der *Storyworld* angesiedelt sind. Diese sind zwar kein offizieller Teil dieses Universums, aber ihm dennoch zugehörig, da die textuellen Elemente identisch sind und deshalb auch als Link fungieren. Der Grund dafür ist in der transmedialen Vernetzung zu sehen, die LOST textuell geöffnet und in den *Online*-Diskurs eingebettet hat, wodurch die Produzenten einen Teil der Kontrolle bewusst an die Fans abgegeben haben. So lange die Serie ausgestrahlt wird, bleibt sie der Kerntext, ergo das Zentrum, dieses Netzwerkes. Letztendlich werden die Produzenten eine Weiterentwicklung jedoch nicht verhindern können, da LOST unter anderem infolge der bis dato geförderten Fanaktivität zu einem derart offenen Textsystem mutiert ist, das nicht mehr vollständig geschlossen werden kann. Die Fans haben die Option neue Texteinheiten anzuknüpfen oder auch bestehende zu überarbeiten; das heißt beispielsweise im Falle eines unbefriedigenden Serienendes, dass dieses auf der *Fan-Fiction*-Ebene umgeschrieben oder aus dem vorhandenen digitalen Material ein neues Ende geschnitten werden kann. Jenkins (2006b, 144) weist darauf hin, dass einzelne Fans derart versiert und kreativ sind, dass sie aus Originalbildern mit Dialogen vollkommen neue Storylines konstruiert haben. Dies ist ein Abbild des beschriebenen »»bottom-up consumer-driven««-Aspekts der *convergence*-Prozesse (vgl. Kap. 2.2.): die Fans, ergo die Paratextproduzenten oder *Prosumer*, mit ›Web-2.0-Vokabular‹ ausgedrückt, fungieren als Co-Autoren im Sinne des ursprünglichen Hypertext-Konzeptes, da sie von der Aufgabe, Kohärenz zu rekonstruieren, und der Kontrolle der Autoren befreit sind (vgl. Kap. 3.1.).

Während der Fan, der nur einen geringen Prozentsatz der Serienzuschauer ausmacht, als Mitwirkender im Sinne der *participatory culture* betrachtet werden kann, sind derartige Aktivitätsformen, wie das Produzieren von Paratexten, abseits des Fansegments nicht zu erwarten. Bereits die transmedialen Erweiterungen von LOST wie die ARG werden, so zeigt das folgende Zitat, vornehmlich von den Fans genutzt:

> Pop-culture critic Steven Johnson, author of Everything Bad Is Good for You, says the show's makers »are relying on the amplifying power of the serious hard-core fans, who are 1% of the audience, to broadcast some of these cool little discoveries to perhaps 10% of their audience. Those are the great evangelists for the show, the 10% who are out there saying, Oh, God, I am so addicted to this show.« And they help reel in the other 90%, which is where gratifying the superfans pays off. It was for the 1% that the producers and ABC this summer created **The Lost Experience**. The trick was to give away information that would tantalize hard-core fans but casual viewers wouldn't need (Poniewozik 2006).

Die ästhetische Komplexität in Bezug auf Struktur und Inhalt sind, so Ryan (2008, 8f.), grundsätzlich als Einladung an jeden Serienzuschauer zu verstehen, aktiver an der Serie teilzunehmen. Zumindest aus den 150 Millionen besuchten LOSTPEDIA-Seiten (vgl. Mittell 2009b) kann abgeleitet werden, dass inzwischen eine Vielzahl von Zuschauern das Fernseh-Dispositv verlassen und dahingehend aktiver geworden sind, indem sie sich des öffentlichen Angebotes der fanproduzierten Paratexte bedienen. Dieses Verhalten der interessierten Zuschauer über den Rezeptionsprozess hinaus, deklariert Marshall (2009, 41) als »›fanish‹«. Da dieser (2004, 48) ebenso wie Rosen, Jenkins und Deuze davon ausgeht, dass infolge der transmedialen Extension »›the term audience no longer made sense‹«, wäre zu überlegen, ob die Zuschauer nicht im Sinne ihrer Aktivitäten, auch als *fanish viewer*, bezeichnet werden können; zumal der in der Literatur (vgl. Askwith 2007; Mittell 2010; Ziegenhagen 2009) verwendete Terminus *engaged viewer* häufig mit dem sehr aktiven Fanverhalten assoziert wird, das wie zu Beginn des Kapitels erläutert nicht verallgemeinert werden kann.

5. »Left Behind« – LOST und die Zukunft des Fernsehens[178]

Bevor sich diese Studie dem Résumé zuwendet, soll in aller Kürze überlegt werden, ob und welche Veränderungen sich für das Fernsehen von einem derartigen Serienkonzept ablesen lassen beziehungsweise welche Auswirkungen es auf das serielle Erzählen hat. Eine der größten Veränderungen, die die Analyse von LOST verdeutlicht hat, ist die – sowohl in distributiver, als auch narrativer Hinsicht – nicht mehr vorhandene Beschränkung von Serien auf das Ursprungsmedium. Als eine der ersten Serien, die zum *Download* angeboten wurde (vgl. Kap. 4.1.2.), hat LOST die inzwischen allgemeine industrielle Praktik geprägt, die – zumindest den US-amerikanischen – Zuschauern ein zeitsouveränes Rezipieren ermöglicht (vgl. Ross 2008, 221). Bisher überwiegt die wöchentliche TV-Ausstrahlung bei der Erstsichtung von Serien (vgl. Kap. 4.3.), woraus geschlossen werden kann, dass der ›Live‹-Charakter (vgl. Fußnote 145) von vielen Zuschauern geschätzt wird und ein wesentlicher Vorteil des Fernsehens im Vergleich zu anderen Medien ist. Die digitalen Angebote werden vornehmlich genutzt, wenn Zeitprobleme das Zuschauen verhindern oder wenn zusätzlich gesichtet wird[179] (vgl. Stipp 2009, 229). Daraus konkludiert Stipp (2009, 230), dass die Aufnahmetechnologien und Online-Angebote den ›TV-Konsum‹ zum momentanen Zeitpunkt erhöhen. Allerdings besteht durch die Ausstrahlungspraktiken der *Networks* insbesondere bei komplexen und serialisierten Serien wie LOST zunehmend die Gefahr, dass in absehbarer Zeit andere Rezeptionsformen überwiegen und die Sehgewohnheiten sich verändern könnten. Denn die Unterbrechungen des wöchentlichen Rhythmus' der Narration durch die Sender frustriert viele Zuschauer zunehmend (vgl. Brooker 2009, 60). Kapitel 4.3.1. hat gezeigt, dass das Fernsehpublikum trotz der beschriebenen Erstsichtungspräferenz bereits fragmentarisiert ist und dieser Prozess andauert. Dies stellt die Sender vor das Problem, dass ihr Geschäftsmodell, das werbefinanzierte Fernsehen, obsolet werden könnte. Zumindest werden momentan fallende Werbepreise in den USA registriert – Schätzungen zufolge um zehn Prozent in 2009 (vgl. Junklewitz 2009b) – deren Ursache ebenso in der gegenwärtigen Wirtschaftskrise gesehen werden kann. Inzwischen sind

---

[178] Episode 15, Staffel drei (3.15).
[179] Den Nielsen-Daten zufolge, die Stipp (2009, 230) ausgewertet hat, werden ungefähr fünf Prozent aller Sendungen zu einem späteren Zeitpunkt rezipiert. Der Schwerpunkt des zeitsouveränen Rezipierens liegt mit über 25 Prozent deutlich bei den *Primetime*-Serien.

die Werbepreise jedoch laut Junklewitz (ebd.) mit einem Tausenderkontaktpreis[180] (TKP) von circa 60 Dollar bei *Hulu* im Vergleich zu einem TKP von 20 bis 40 Dollar für TV-Werbung höher, aber die Einnahmen lassen sich für die *Networks* bei *Online*-Werbung dennoch nicht steigern, weil weniger Werbezeit zur Verfügung steht[181]. Ein Hoffnungsschimmer für die *Networks* bedeutet die aktuelle Studie, die besagt, dass knapp 50 Prozent der Rezipienten, die TV-Programme aufnehmen, dennoch die Werbe*spots* anschauen (vgl. ebd.). Um Zuschauer an die TV-Ausstrahlung der Serie zu binden beziehungsweise das Vorspulen zu verhindern und so die Werbeeinnahmen zu erhöhen, hat beispielsweise Marc Cherry, Produzent von DESPERATE HOUSEWIVES, eine innovative Idee, die kurz vorgestellt werden soll, weil sie relevant für das fragmentarische Erzählen ist. In den Werbepausen der aktuellen DESPERATE HOUSEWIVES Staffel werden zusätzlich narrative *Spots* gesendet (vgl. Krannich 2009e). Diese sind über den Raum, die ›*Wisteria Lane*‹, und relevante Thematiken, wie Ehebruch, mit der Serie verbunden, während die Protagonisten der *Spots* bisher nur als Statisten in der Serie agieren. Dadurch wird die *Storyworld* außerhalb der konventionellen Grenzen, aber innerhalb des Medium (intramedial) fragmentatisch weitererzählt; und es ist denkbar, dass in Zukunft nicht nur ergänzende Geschichten erzählt werden, sondern auch relevante Informationen in die Werbepausen eingebunden werden.

Um die Zuschauer auch außerhalb des Fernsehens zu generieren und an die Serie zu binden, lässt sich bei LOST feststellen, dass das Internetangebot von ABC nicht nur der Präsentation der Episoden dient, sondern ein umfangreiches Portal in das serielle Universum ist. Neben vielen konventionellen Informationen, wie Biographien des *Casts* oder Episoden*guides*, finden sich dort viele zusätzliche Angebote: von Videos mit Interviews oder *Making-Ofs*, über Organisationshilfen wie einer multimedialen Grafik des sozialen Netzwerks oder dem Buchclub, *Podcasts*, ein Forum, Verlinkungen zum offiziellen Magazin, zur *Comic-Con*-Webseite bis hin zu den aktuellen *Webisodes*. Während das transmediale Erzählen der ARG sich hauptsächlich an Fans richtet beziehungsweise von diesen genutzt wird (vgl. Kap. 4.3.2.), erreichen die Zu-

---

[180] Der TKP ist der Preis, den der Werbekunde für 1.000 erreichte Zuschauer zahlen muss (vgl. Junklewitz 2009b).
[181] Der Grund für den höheren Preis ist in der höheren Aufmerksamkeit des einzelnen Rezipienten, die er insbesondere *pre-roll-Spots* entgegenbringt, zu sehen, da er die jeweilige Episode gezielt ausgesucht hat und auf die Ausstrahlung wartet. Der Nachteil für die produzierenden Sender liegt in der geringeren Werbezeit, die zur Verfügung steht, da »die höhere Aufmerksamkeit der Online-Zuschauer vor allem auf die reduzierte Zahl der Werbespots zurückgeht« (vgl. Junklewitz 2009b).

satzmaterialien und ergänzenden Szenen durch die einfachere Zugangsmöglichkeit weitere Zuschauersegmente. Generell lässt sich bei seriellen Formaten ein Trend zu elaborierten offiziellen Webseiten und zur Ausweitung der Erzählung ins Internet feststellen. Aktuell werden vermehrt *Webisodes* zu Serien produziert, die das narrative Universum nicht nur wie bei LOST: THE MISSING PIECES punktuell ausweiten, sondern über mehrere Episoden einen fortlaufenden *Plot* präsentieren: zum Beispiel bietet der Sender Showtime aktuell zu der Serie DEXTER (USA 2006-) eine animierte Webserie mit zwölf Folgen an, die die Entwicklung des Protagonisten nach seinem ersten Mord, aber vor dem Einsetzen der Serie, visualisiert, wodurch dem *character* zusätzliche Tiefe verliehen wird (vgl. Krannich 2009d). Darüber hinaus bewahrheitet sich Jenkins' (2006a, 130) Prognose, dass die Mediengrenzen zunehmend überschritten werden und zusätzliche Erfahrungstiefe angeboten wird, da inzwischen auch nicht-komplexe Serien, wie SCRUBS oder MONK transmediale Strukturen[182] aufweisen. TV-Serien, so schlussfolgert David Kushner (2008), sind nicht mehr länger ein wöchentlich stattfindendes Event, sondern ein zeitsouveränes Angebot, für das bisher die Maxime gilt: jedes Medienangebot muss für sich alleine stehen und zu verstehen sein (vgl. Ross 2008, 202). Ebenso wie bei LOST werden ergänzende Informationen über die diversen Plattformen präsentiert und essentielle im televisuellen *Plot*. Denkbar wäre laut Brooker (2009, 69) ein zukünftiges Szenario, indem die wesentlichen Informationen für das Verständnis des Primärtextes außerhalb des *Plots* präsentiert werden. Dem müsste allerdings ein Lernprozess vorausgehen, so dass ein Großteil der Zuschauer und nicht nur Fans die adäquaten Aktivitäten zeigen. Die Frage ist allerdings, ob sich derartige Serienkonzepte allgemein durchsetzen oder es weiterhin nur einige gibt, denn radikal umgesetzt besteht die Gefahr, dass transmediales Erzählen den Senderinteressen widerspricht. Der Behauptung von HEROES-Produzent Tim Kring: »›[i]n five years, the idea of broadcast will be gone‹‹ (zit. nach Kushner 2008), darf vom heutigen Standpunkt auf jeden Fall mit Skepsis begegnet werden. Der Erfolg episodischer Serien wie das CSI-Franchise[183] oder HOUSE M.D. (USA 2004-, FOX) (vgl. *abcmedianet.com*) sowie die konstante Fernsehnutzung in der werberelevanten Zielgruppe (vgl. Stipp 2009, 226) bestätigen die Lebensfähigkeit

---

[182] Die transmedialen Extensionen beschränken sich nicht nur auf *Webisodes*, sondern nutzen unter anderem soziale Plattformen wie MYSPACE oder FACEBOOK; da dies für LOST irrelevant ist, können sie hier auch nicht weiter analysiert werden.
[183] CSI: CRIME SCENE INVESTIGATION (USA 2000-, CBS), CSI: MIAMI (USA 2002-, CBS), CSI: NEWYORK (USA 2004-, CBS).

der Institution ›Fernsehen‹. Das Internet bietet darüber hinaus die Möglichkeit, die potenziellen Zuschauer frühzeitig in den Produktionsprozess einzubinden und das Geschäftsrisiko der Sender zu senken: einer Idee von NBC zufolge sollen die Pilotepisoden, die zur Auswahl stehen, auf der Webseite veröffentlicht werden und *User-Feedbacks* in den Entscheidungsprozess einfließen (vgl. Ross 2008); auch eine Umkehrung der Verhältnisse wird momentan angedacht, insofern erst eine Webserie produziert wird, die kostenfrei online verfügbar ist und bei Erfolg, das heißt mit vorhandener Fanbasis, das Medium wechseln soll (vgl. Kushner 2008).

Die größte Veränderung, die sich gegenwärtig feststellen lässt, so Jenkins (2006a, 244), ist die Transformation vom individuellen ›Fernsehkonsum‹ hin zu einer vernetzten Praktik. Mit dieser Aussage bezieht sich Jenkins auf die *Online-*Diskurse, die sich rund um Fernsehserien wie LOST etabliert haben (vgl. Kap. 4.3.2.), indem sich die Rezipienten auf Plattformen zusammenfinden und das gemeinsame Fernseherlebnis, das durch die zeitgleiche Ausstrahlung so empfunden wird, besprechen. Diese Verlagerung der sozialen Kommunikation ins Internet verleitet Ross (2008, 219) zu dem metaphorischen Vergleich, dass durch das Internet ein neues Kapitel der Fernsehgeschichte aufgeschlagen wird. Ein Grund für diesen Wandel ist in dem immensen Medienangebot zu sehen, aus dem der Einzelne individuell seinen Freizeitvertrieb wählen kann, was aber zugleich dazu führen kann, dass sich im näheren Umfeld keine Gleichgesinnten mehr finden lassen (vgl. Kap. 4.3.1.). Dies ist vorstellbar, aber größtenteils, so wurde in der Analyse festgestellt, wird der *Online-*Diskurs von Fans geführt, die sich schon früher zu *Communities* zusammengeschlossen haben. Neu ist der annähernd simultane Beginn der Kommunikation zur TV-Ausstrahlung, sofern die Serie empfangen werden kann (vgl. Kap. 4.3.2 bzw. Jenkins 2006b, 141f.). Problematisch am gegenwärtigen wissenschaftlichen Diskurs über Zuschauerkonzepte ist die Fokussierung des Fans, der aufgrund seiner *Online-*Aktivitäten sichtbarer ist als der reguläre und der *fanish* Zuschauer, in Verbindung mit Serien wie LOST oder HEROES; Serien, die eine große und passionierte Fangemeinde sowie komplexe Mythologien haben. Infolgedessen kann die These aufgestellt werden, dass die resultierenden Aktivitäten abhängig sind vom Komplexitätsgrad der Serie, das heißt: je komplexer eine Serie ist, desto größer die Aktivität. Insbesondere die Partizipation, die mit LOST verbunden und als beispielhaft betrachtet wird, wie das gemeinsame Lösen von Rätseln, das Entschlüsseln von Details oder das Erstellen von LOSTPEDIA, können nicht für das Fernsehen verallgemeinert werden. Zwar gibt es inzwischen zu vielen Fernsehserien Wikis, aber nur wenige sind derartig elaboriert[184], was wiederum auf die Kapazität der jeweiligen *Storyworld* zurückzuführen ist. Um allgemeingültige Aussagen treffen zu können, bedarf es zumindest eines erweiterten Fokus', indem auch episodische Serien in eine vergleichende Analyse einbezogen werden. Fandex[185] beispielweise zeigt mit SUPERNATURAL (USA 2005- The WB), HOUSE M.D. oder auch GREY'S ANATOMY (USA 2005-, ABC), dass auch Serien mit episodischen Strukturen eine hohe *Online*-Aktivität aufweisen (vgl. *wetpaint.com/page/TVFandex*).

---

[184] Aus einem Vergleich der Wikis zu LOST, HEROES und zu SCRUBS (USA 2001-10, NBC) sowie HOW I MET YOUR MOTHER lässt sich ableiten, dass auch der Aufbau der Enzyklopädien abhängig vom Komplexitätsgrad der Serie ist, das heißt je komplexer die Serie, desto detaillierter.
[185] Fandex ist ein neuer *Online*-Dienst, der die Frequenz der Fans (und *fanish viewer*) auf Webseiten zu Serien von sozialen Netzwerken wie Facebook, Twitter oder des Webseitenanbieters Wetpaint, der der Betreiber von Fandex ist, misst und eine Rangfolge erstellt. Ziel ist abseits der Quoten beliebte Serien zu identifizieren, um so das *engagement* sichtbarer zu machen (vgl. Krannich 2009a).

6. »The Beginning of the End« – Schlussbetrachtungen[186]

Prognostizierte Eckel (2008, 92) für das Erzählkino eine Konjunktur nonlinearer Erzählmuster, so hat die vorliegende Analyse gezeigt, dass sich diese Formen auch in der gegenwärtigen TV-Unterhaltung finden lassen. Nonlinearität ist allerdings nur ein Aspekt audiovisueller Narrationstrukturen, die sich durch den intermedialen Einfluss hypertextueller Erzählformen entwickelt haben. Die Serie LOST weist durch die Verbindung von nonlinear organisierten Textfragmenten und einem für Fernsehserien außergewöhnlichen Detailreichtum eine netzwerkartige Struktur auf, die durch die vielen intertextuellen Verweise in das kulturelle Netz eingebunden wird. Infolge der Verteilung von narrativen Einheiten auf andere Medien, vornehmlich dem Internet und der DVD, überschreitet der Kerntext, die Serie, die Grenzen des Ursprungsmediums, dem Fernsehen, und wird mit der faktischen Welt vernetzt. Es hat sich herausgestellt, dass eine derartig komplexe Struktur einer Serie einerseits eine besondere Form der Zuschaueraktivität erwartet und zu *engagement* auffordert, andererseits das Potenzial hat, unterschiedliche Zuschauersegmente anzusprechen und unterschiedliche Rezeptionsvorlieben zu ermöglichen. Aufgrund der offenen, grenzüberschreitenden sowie detailreichen Gestaltung kann LOST ganz im Sinne Jenkins' als Exemplum für das Zeitalter von *media convergence* bestätigt werden. Im Kontext der Reflexionen über die Zuschauer sowie die Zukunft des Fernsehens offenbart sich die Fragmentarisierung und Vernetzung als Charakteristikum gegenwärtiger Gesellschaftsstrukturen.

Für das serielle Erzählen im Fernsehen lässt sich aus der Analyse ableiten, dass Serien strukturell komplex erzählt werden und dennoch erfolgreich sein können. Voraussetzung ist, dass eine adäquate Kommunikationsinfrastruktur geschaffen wird, die es ermöglicht, dass die Episoden jedermann und jederzeit zugänglich sein können, um das Aussteigen aus der Serie zu verhindern. Inwieweit die transmedialen Aufforderungen einen Gros der Zuschauer aktivieren und binden oder ob diese Angebote vornehmlich von Fans genutzt werden, kann ohne eine weiterführende Analyse unter Einbeziehung weiterer Serien nicht beantwortet werden. Es bietet sich darüber hinaus an, transmediales Erzählen narratologisch zu fundieren, da in der Forschungsliteratur oftmals die Phänomene sichtbar gemacht und ökonomisch eingeordnet wurden, bisherige narratologische Ansätze aber am Festhalten an medialen Grenzen scheiterten.

---

[186] Staffel 4, Episode 1 (4.1)

Eine weitere Perspektive, die sich infolge des transmedialen Erzählaspektes eröffnet hat, ist die sich abzeichnende Kontrollverschiebung von den Autoren der Serie hin zu den Fans. Hier besteht die Möglichkeit, die Entwicklungen nach dem Serienende im Mai 2010 zu beobachten und zu untersuchen, ob und inwieweit sich LOST durch die Fanaktivitäten rhizomatisch entfalten kann. Denn nicht das proklamierte Ende, das eine romanhafte Geschlossenheit suggeriert, sondern eine vollkommene Ablösung vom Ursprungsmedium und das Weitererzählen in anderen durch den Rezipienten als Co-Autoren wäre eine bedeutendere Veränderung für das serielle ebenso wie für das hypertextuelle Erzählen.

7. Anhang

7.1. Inhalt relevanter Beispielepisoden

Staffel 1, Episode 5: »White Rabbit« – zentraler Charakter: Jack Shepard
Diese Episode beinhaltet vordergründig das Problem, dass das Trinkwasser nach sechs Tagen auf der Insel zu Neige geht und Jack Shepard, den die Überlebenden von »Oceanic 815« als Anführer designiert haben, sich weigert, diese Rolle zu übernehmen und das vorhandene Problem zu lösen. Während die Überlebenden am Strand mit den Folgen des Wassermangels zu kämpfen haben, verfolgt Jack die mysteriöse Erscheinung seines verstorbenen Vaters im Dschungel, die ihn letztendlich zu einer Wasserquelle führt. In den *Flashback*-Sequenzen wird zudem anhand des Vater-Sohn-Konfliktes der Grund für Jacks Hadern enthüllt.

Staffel 3, Episode 22/23 »Through the Looking Glass« – zentraler Charakter: Jack Shepard
In dieser Doppelepisode, deren diverse Handlungsstränge aufgrund des Staffelfinales eng verbunden sind beziehungsweise sich auf ein Ziel fokussieren, versuchen die Überlebenden von »Oceanic 815« Kontakt zu der Außenwelt aufzunehmen. Dies wird ihnen ermöglicht, da ein paar Episoden zuvor eine neue Figur aufgrund eines Fallschirmabsprungs auf der Insel gelandet ist, die ein Satellitentelefon besitzt. Da der Funkkontakt nach außen zum einen durch die Unterwasserstation geblockt wird, versuchen Charlie und Desmond dies aufzuheben. Zum anderen verhindert ein Tonband, das vom Radioturm aus gesendet wird, das Telefonieren. Da gleichzeitig das Strandlager der Überlebenden durch einen drohenden Angriff der ›Anderen‹ gefährdet ist, wandert Jack mit einem Großteil der Gruppe zum Radioturm, während Bernard, Jin und Sayid zur Verteidigung des Lagers zurückbleiben. Unterdessen versucht Ben die Überlebenden davon abzuhalten, Kontakt zu der Außenwelt aufzunehmen, um die Insel zu beschützen; warum die Insel beschützt werden muss und die Überlebenden dazu gehören, kann noch nicht beantwortet werden, weil es Teil eines bisher ungelösten Rätsel ist.
In dieser Doppelepisode wird erstmals statt der etablierten *Flashbacks* ein neues Erzählmittel eingeführt – die *Flashforwards*. Zentriert auf Jack wird das Leben der »Oceanic Six« nach der Rettung von der Insel eingeführt.

7.2. Quellenverzeichnis
7.2.1. Literaturangaben[187]

Abbott, Stacey (2009): How Lost Found Ist Audience. The Making of a Cult Blockbuster. In: Pearson, S. 9-26.

Adams, John (1972): *Watership Down*. London/ New York: Penguin.

Allrath, Gabriele/ Gymnich, Marion/ Surkamp, Carola (2005): Introduction. Towards a Narratology of TV Series. In: *Narrative Strategies in Television Series*. Hrsg. von Gaby Allrath und Marion Gymnich. Basingstoke: Palgrave Macmillan, S. 1-43.

Askwith, Ian (2007): *Television 2.0. Reconceptualizing TV as an Engagement Medium*. unveröff. Manuskript. cms.mit.edu/research/theses/IvanAskwith2007.pdf

Askwith, Ian (2009): ‚Do You Even Know Where This Is Going?' Lost's Viewers and Narrative Premediation. In: Pearson, S. 159-180.

Baum, Frank L. (1900): *The Wizard of Oz*. Project Gutenberg. http://www.gutenberg.org/etext/55

Böhme, Andreas (2009): Quotenmessung geht mit der Zeit. In: *WAZ* vom 02.07.2009.

Bolter, Jay David (1997): Das Internet in der Geschichte der Technologien des Schreibens. In: *Mythos Internet*. Hrsg. von Stefan Münker und Alexander Roesler. Frankfurt/M.: Suhrkamp (edition suhrkamp ; 2010), S. 37-55.

Bolter, Jay David/ Grusin, Richard (2000): *Remediation. Understanding New Media*. Cambridge: MIT Press.

Bolter, Jay David (2001): *Writing Space. Computers, Hypertext, and the Remediation of Print*. 2nd Edition. Mahwah: Erlbaum.

Bordwell, David (2009): *Now Leaving From Platform 1*. (http://www.davidbordwell.net/blog/?p=5264)

Brooker, Will (2009): Television Out of Time. Watching Cult Shows on Download. In: Pearson, S. 51-72.

Carroll, Lewis (1994 [1865]): *Alice's Adventures in Wonderland*. London/ New York: Penguin.

Carroll, Lewis (1994 [1872]): *Through the Looking Glass*. London/ New York: Penguin.

Conrad, Joseph (1995 [1899-1902]): *Heart of Darkness*. Herfordshire: Wordsworth.

Deleuze, Gilles/ Guattari, Félix (2005 [1977]): *Tausend Plateaus*. 6. Aufl. Berlin: Merve.

---

[187] Alle Internetquellen wurden am 18.11.2009 geprüft.

Drangsholt, Janne Stigen (2009): World Without End or Beginning. Structures of Dis-Placement in Lost. In: *New Review of Film and Television Studies*. Vol. 7, No. 2, S. 209-224.

Eckel, Julia (2008): Nonlineare Narration im Film. Betrachtung einer Zeitenwende in der temporalen Gestaltung des zeitgenössischen Erzählkinos. M.A.: Bochum. Selbstverlag.

Eco, Umberto (2002): *Über Spiegel und andere Phänomene*. 7. Aufl. München: dtv.

Elsaesser, Thomas (2009): *Hollywood heute. Geschichte, Gender und Nation im postklassischen Kino*. Berlin: Bertz + Fischer.

Genette, Gérard (2001 [1987]): *Paratexte. Das Buch vom Beiwerk des Buches*. Frankfurt/M.: Suhrkamp (suhrkamp taschenbuch wissenschaft ; 1510).

Gerhards, Maria/ Klingler, Walter (2007): Mediennutzung in der Zukunft. Eine Trendanalyse auf der Basis heutiger Datenquellen. In: *Media Perspektiven*. Nr. 6, S. 295-309.

Gray, Johnathan/ Mittel, Jason (2007): Speculations on Spoilers. Lost Fandom, Narrative Consumption and Rethinking Textuality. In: *Particip@tions*. Vol. 4, No. 1.
http://www.participations.org/Volume%204/Issue%201/4_01_graymittell.htm

Hickethier, Knut (1991): *Die Fernsehserie und das Serielle des Fernsehens*. Lüneburg: Univ. Lüneburg.

Hickethier, Knut (2008): Intermedialität und Fernsehen – technisch-kulturelle und medienökonomische Aspekte. In: *Intermedialität Analog/ Digital. Theorien, Methoden, Analysen*. Hrsg. von Joachim Paech und Jens Schröter. München: Fink, S. 449-459.

Jenkins, Henry (2006a): *Convergence Culture*. New York: New York University Press.

Jenkins, Henry (2006b): Interactive Audiences? The „Collective Intelligence" of Media Fans. In: *Fans, Bloggers and Gamers. Media Consuemr in a Digital Age*. New York: New York University Press, S. 134-151.

Jenkins, Henry (2007): *Transmedia Storytelling 101*.
http://henryjenkins.org/2007/03/transmedia_storytelling_101.html

Jenkins, Henry/ Deuze, Marc (2008): Editorial: Convergence Culture. In: *Convergence. The International Journal of Research into New Media Technologies*. Vol. 14, No. 1. London: Sage, S. 5-11.
http://con.sagepub.com/cgi/content/refs/14/1/5

Jenkins, Henry (2009): *The Aesthetics of Transmedia. In Response to David Bordwell*.
http://henryjenkins.org/transmedia_entertainment/

Johnson, Derek (2009): The Fictional Institution of Lost. World Building, Reality and the Economic Possibilities of Narrative Divergence. In: Pearson, S. 27-49.

Jones, Steven E. (2007): *Dickens on Lost. Text, Paratext, and Fan-based Media.* www.rc.umd.edu/reference/wcircle/sejones.pdf

Junklewitz, Christian (2009a): Lost: Der Spaß an der Verwirrung. In: *serienjunkies.de* vom 08.03.2009.
http://www.serienjunkies.de/news/lost-der-21056.html

Junklewitz, Christian (2009b): Hulu: Erstmals höhere Werbepreise im Internet als im TV. In: *serienjunkies.de* vom 29.06.2009.
http://www.serienjunkies.de/news/ hulu-erstmals-22357.html

Junklewitz, Christian (2009c): Wie öffentlich-rechtlich ist ZDFneo? In: *serienjunkies.de* vom 16.10.2009.
http://www.serienjunkies.de/news/wie-oeffentlich-23610.html

Junklewitz, Christian (2009d): US-Zuschauer sehen Werbung – trotz DVR? In: *serienjunkies.de* vom 08.11.2009.
http://www.serienjunkies.de/news/ zuschauer-sehen-23866.html

King, Stephen (2002): *On Writing.* New York: Pocket Books.

Kirchmann, Kay (2006): Philosophie der Möglichkeiten. Das Fernsehen als konjunktivisches Erzählmedium. In: *Philosophie des Fernsehens.* Hrsg. von Oliver Fahle und Lorenz Engell. München: Fink, S. 157-172.

Kompare, Derek (2006): Publishing Flow. DVD Box Sets and the Reconception of Television. In: *Television & New Media.* Vol. 7, No. 4, S. 335-360.

Kozloff, Sarah: Narrative Theory and Television. In: Allen, Robert C. (ed.): *Channels of Discourse: Television and Contemporary Criticism.* Chapel Hill: 43 – 73.

Krannich, Bernd Michael (2009a): Neuer Service beobachtet Faninteresse im Internet. *serienjunkies.de* vom 22.06.2009.
http://www.serienjunkies.de/news/ neuer-service-22275.html

Krannich, Bernd Michael (2009b): Gossip Girl: ProSieben streamt Episoden online. *serienjunkies.de* vom 09.07.2009.
http://www.serienjunkies.de/news/lost-produzenten-22487.html

Krannich, Bernd Michael (2009c): Lost: Produzenten versprechen: <<Das Ende ist das Ende>>. *serienjunkies.de* vom 09.07.2009.
http://www.serienjunkies.de/news/lost-produzenten-22487.html

Krannich, Bernd Michael (2009d): Dexter: Animierte Prequel-Webisode. *serienjunkies.de* vom 28.07.2009.
http://www.serienjunkies.de/news/ dexter-animierte-22714.html

Krannich, Bernd Michael (2009e): Desperate Housewives: Marc Cherry kämpft gegen Wegzapper. *serienjunkies.de* vom 09.07.2009.
http://www.serienjunkies.de/news/ desperate-housewives-23155.html

Kushner, David (2008): Rebel Alliance. *fastcompany.com* vom 11.04.2008. http://www.fastcompany.com/magazine/125/rebel-alliance.html

Landow, George P. (2006): *Hypertext 3.0. Critical Theory and New Media in an Era of Globalization*. Rev. Ed. Baltimore: John Hopkins Univ. Press.

Mahne, Nicole (2007): *Transmediale Erzähltheorie. Eine Einführung*. Göttingen: Vandenhoek & Ruprecht.

Marquez, Gabriel García (2002): *Cien años de soledad*. (dt. *Hundert Jahre Einsamkeit*) Köln: Kiepenheuer & Witsch.

Margreiter, Reinhard (2007): *Medienphilosophie. Eine Einführung*. Berlin: Parerga.

Marotzki, Winfried (2004): Interaktivität und virtuelle Communities. In: *Interaktivität. Ein transdisziplinärer Schlüsselbegriff*. Hrsg. von Christoph Bieber und Claus Leggewie. Frankfurt/M: Campus, S. 118-131.

Marshall, P. David (2009): Screens. Television's Dispersed ‚Broadcast'. In: *Television Studies After TV. Understanding Television in the Post-Broadcast Era*. Hrsg. von Graeme Turner und Jinna Tay. London/ New York: Routledge, S. 41-50.

McQuail, Christine (2009): The Myth of Online TV. In: *Flow TV*. Vol. 10, No. 4. http://flowtv.org/?p=4132

Mittell, Jason (2006): Narrative Complexity in Contemporary American Television. In: *The Velvet Light Trap*. No. 58, S. 29-40.

Mittell, Jason (2007): Film and Television Narrative. In: *The Cambridge Companion to Narrative*. Hrsg. von David Herman. Cambridge: Cambridge Univ. Press, S. 156-171.

Mittell, Jason (2008): Synchronizing Complexity. In: *in media res. a media commons project*.
http://mediacommons.futureofthebook.org/imr/2008/02/15/synchronizing-complexity

Mittell, Jason (2009a): Lost in a Great Story. Evaluation in Narrative Television (and Television Studies). In: Pearson, S. 119-138.

Mittell, Jason (2009b): Sites of Participation.Wiki Fandom and the Case of Lostpedia. In: *Transformative Works and Cultures*. Vol. 3
http://journal.transformativeworks.org/index.php/twc/article/view/118/117

Mittel, Jason (2010): *Television and American Culture*. New York: Oxford Univ. Press.

Mulvey, Laura (2007): *Death 24x a Second. Stillness and the Moving Image*. London: Reaktion Books.

Ndalianis, Angela (2004): *Neo-Baroque Aesthetics and Contemporary Entertainment*. Cambridge: MIT Press.

Ndalianis, Angela (2005): Television and the Neo-Baroque. In: *The Contemporary Television Series*. Hrsg. von Michael Hammond und Lucy Mazdon. Edinburgh: Edinburgh Univ. Press, S. 83-101.

Nelson, Robin (1997): *TV Drama in Transition. Forms, Values, and Cultural Change*. Basingstoke: Macmillan.

Pearson, Roberta (2007): Lost in Transition. From Post-Network to Post-Television. In: *Quality TV. Contemporary American Television and Beyond*. Hrsg. von Janet McCabe und Kim Akass. London/ New York: I. B. Tauris, S. 239-256.

Pearson, Roberta (Hrsg.)(2009): *Reading Lost. Perspectives On A Hit Television Show*. London/ New York: I. B. Tauris.

Peckham, Matt (2008): Lost – The Video Game. Our Exclusive Q&A With Its Developer. Interview mit Gadi Pollack, Produzent von Lost: Via Domus http://blogs.pcworld.com/gameon/archives/006458.html

Pfister, Manfred (1985): Konzepte der Intertextualität. In: *Intertextualität. Formen, Funktionen, anglistische Fallstudien*. Hrsg. v. Ulrich Broich und Manfred Pfister. Tübingen: Max Niemeyer, S. 1-30.

Poniewozik, James (2006): Why The Future of Television is Lost. In: *Time* vom 24.09.2006. http://www.time.com/time/magazine/article/0,9171,1538635,00.html

Rajewski, Irina O. (2002): *Intermedialität*. Tübingen: A. Francke (UTB ; 2261).

Reichert, Ramón (2008): *Amateure im Netz. Selbstmanagement und Wissenstechnik im Web 2.0*. Bielefeld: transcript.

Reinecke, Markus (2007): *TV-Serien als Megamovies. Die US-Serie Lost als Beispiel einer neuen Seriengeneration*. Diplomarb. Hamburg: Diplomica.

Ross, Sharon Marie (2008): *Beyond the Box. Television and the Internet*. Malden/ Oxford: Blackwell Publishing.

Ryan, Marie-Laure (2001): *Narrative as Virtual Reality. Immersion and Interactivity in Literature and Electronic Media*. Baltimore: John Hopkins Univ. Press.

Ryan, Marie-Laure (2004): Will New Media Produce New Narratives? In: *Narrative across Media. The Language of Storytelling*. Lincoln: Univ. of Nebraska Press, S. 337-359.

Schanze, Helmut (Hrsg.)(2002): *Metzler-Lexikon Medientheorie – Medienwissenschaft. Ansätze – Personen – Grundbegriffe*. Stuttgart: Metzler.

Schneider, Irmela (1994): Transkulturelle Wirklichkeiten. Zu US-amerikanischen Serien im deutschen Fernsehprogramm. In: *Endlose Geschichten. Serialität in den Medien*. Hrsg. von Günter Giesenfeld. Hildesheim: Olms-Weidmann, S. 114-128.

Seibel, Klaudia (2002): Cyberage-Narratologie: Erzähltheorie und Hyperfiktion. In: *Erzähltheorie transgenerisch, intermedial, interdisziplinär..* Hrsg. von Vera Nünning und Ansgar Nünning. Trier: WVT, S. 217-236.

Seiler, Sascha (2008): Abschied vom Monster der Woche. Ein Vorwort. In: *Was bisher geschah – Serielles Erzählen im zeitgenössischen amerikanischen Fernsehen.* Hrsg. von ders. Köln: Schnitt – der Filmverlag, S. 6-9.

Seiler, Sascha (2008): Previously on Lost. Die Erfindung des Paratextes in der Fernsehserie Lost. In: *Was bisher geschah – Serielles Erzählen im zeitgenössischen amerikanischen Fernsehen.* Hrsg. von ders. Köln: Schnitt – der Filmverlag, S. 40-53.

Steinbeck, John (1981 [1937]): *Of Mice and Men.* New York: Bantam Books.

Stipp, Horst (2009): Verdrängt Online-Sehen die Fernsehnutzung? Zehn aktuelle Medientrends in den USA. In: *Media Perspektiven.* Nr. 5, S. 226-232.

Storrer, Angelika (2000): Was ist „hyper" am Hypertext? In: *Sprache und neue Medien.* Hrsg. von Werner Kallmeyer. Berlin: de Gruyter (Jahrbuch ... / Institut für Deutsche Sprache ; 1999), S. 222-249.

Storrer, Angelika (1999): Kohärenz in Text und Hypertext. In: *Text im digitalen Medium. Linguistische Aspekte von Textdesign, Texttechnologie und Hypertext Engineering.* Hrsg. von Henning Lobin. Opladen: Westdeutscher Verlag, S. 33-65.

Suter, Beat (2005): *Der Hyperlink in der Lektüre. Pause, Leerstelle oder Flucht?* http://www.dichtung-digital.org/2005/2-Suter.htm

Vaughn, Cari (2008): Lost as Hypertext. Intertextuality in Lost. In: *Lost Online Studies.* Vol. 2 No. 1. Hrsg. von The Society for the Study of Lost. http://www.loststudies.com/2.1/hypertext.html

Verne, Jules (1984 [1875]): *Le Chancellor (dt. Der Chancellor).* Berlin: Pawlak.

Weber, Tanja/ Junklewitz, Christian (2008): Das Gesetz der Serie. Ansätze zu einer Definition und Analyse. In: *MEDIENwissenschaft.* Nr. 1, S. 13-31.

Weiler, Lance (2009): *Why Audience are key to cross-media creation.* http://www.screendaily.com/news/digital/uk-ireland/why-audiences-are-key-to-cross-media-creation/5005231.article

Weiler, Lance (2009): *Culture Hacker. Lance Weiler explains why filmmaker should expand their films into a „storyworld".* http://www.filmmakermagazine.com/summer2009/culture_hacker.php

Winko, Simone (1999): Lost in hypertext? Autorkonzepte und neue Medien. In: *Rückkehr des Autors. Zur Erneuerung eines umstrittenen Begriffs.* Hrsg. v. Fotis Jannidis et. al. Tübingen: Max Niemeyer Verlag, S. 511-533.

Winko, Simone (2001): *Rezension zu Beat Suters Dissertation ‚Hyperfiktion und interaktive Narration im frühen Entwicklungsstadium zu einem literarischen Genre'* http://computerphilologie.uni-muenchen.de/jg01/winko.html

Wirth, Uwe (1997): Literatur im Internet. Oder: Wen kümmert's, wer liest? In: *Mythos Internet*. Hrsg. von Stefan Münker und Alexander Roesler. Frankfurt/M.: Suhrkamp (edition suhrkamp ; 2010), S. 319-337.

Wirth, Uwe (2006): Hypertextuelle Aufpfropfung als Übergangsform zwischen Intermedialität und Transmedialität. In: *Transmedialität. Zur Ästhetik paraliterarischer Verfahren*. Hrsg. v. Urs Meyer, Roberto Simanowski und Christoph Zeller. Göttingen: Wallstein, S. 19-38.

Whitney, Daisy (2009): *'Lost', 'SNL', 'Grey's' Tops in Online Viewing, Nielsen Says*. (http://www.tvweek.com/news/2009/02/lost_snl_greys_tops_in_online.php)

Wolf, Werner (2002): Das Problem der Narrativität in Literatur, bildender Kunst und Musik: ein Beitrag zu einer intermedialen Erzähltheorie. In: *Erzähltheorie transgenerisch, intermedial, interdisziplinär..* Hrsg. von Vera Nünning und Ansgar Nünning. Trier: WVT, S. 23-104.

Yoo, Hyun-Joo (2007): *Text, Hypertext, Hypermedia. Ästhetische Möglichkeiten der digitalen Literatur mittels Intertextualität, Interaktivität und Intermedialität*. Würzburg: Königshausen & Neumann.

Ziegenhagen, Sandra (2009): *Zuschauer-Engagement. Die neue Währung der Fernsehindustrie am Beispiel der Serie >>Lost<<*. Konstanz: UVK. unveröff. Manuskript.

7.2.2. Internetquellen[188]

ABC Season Ranking 2004/05:
http://abcmedianet.com/web/dnr/dispDNR.aspx?id=062105_06

ABC Season Ranking 2005/06:
http://abcmedianet.com/web/dnr/dispDNR.aspx?id=053106_05

ABC Season Ranking 2006/07:
http://abcmedianet.com/web/dnr/dispDNR.aspx?id=061207_04

ABC Season Ranking 2007/08:
http://abcmedianet.com/web/dnr/dispDNR.aspx?id=061708_07

ABC Season Ranking 2008/09: http:// abcmedianet.com/web/dnr/dispDNR.aspx?id=052709_07

Artikel 'Wikipedia': http://de.wikipedia.org/wiki/Wikipedia

Artikel 'apollocandy.com': de.lostpedia.wikia.com/wiki/Apollocandy.com

Artikel 'Bad Twin': de.lostpedia.wikia.com/wiki/Bad_Twin

---

[188] Alle Internetquellen wurden am 18.11.2009 geprüft.

Artikel ‚Damon, Carlton, and a Polar Bear': lostpedia.wikia.com/wiki/Damon_ _Carlton_and _a_Polar_Bear

Artikel ‚Hinter dem Spiegel 1': de.lostpedia/Hinter_dem_Spiegel,_Teil_1

Artikel ‚Hintern dem Spiegel 2': de.lostpedia/Hinter_dem_Spiegel,_Teil_2

Artikel ‚Hugh McIntyre': de.lostpedia.wikia.com/wiki/Hugh _McIntyre

Artikel ‚Lost Experience': de.lostpedia. wikia .com/wiki/The_Lost_Experience

Artikel ‚Valenzetti Gleichung': de.lostpedia.wikia.com/wiki/Die_Valenzetti_Gleichung en.lostpedia.wikia.com/wiki/valenzetti_equation

Artikel ‚Via Domus': de.lostpedia.wikia.com/wiki/Via_Domus

Blog Henry Jenkins: http://www.henryjenkins.org/aboutme.html

BuddyTV Interviews Lost's Damon Lindeolf and Carlton Cuse – and gets Answers!: http://www.buddytv.com/articles/lost/more/buddytv-interviews-losts-damon-4766.aspx

DexterEarly Cuts: http://www.sho.com/site/video/brightcove/series/title.do?bcpid=14033850001&bclid=45528626001&bctid=45746852001

Fandex: http://www.wetpaint.com/page/TVFandex

Forum „The Fuselage": http://www.thefuselage.com/

Heroes Wiki: http://heroeswiki.com/Main_Page

How I Met Your Mother Videos: http://www.marshallandlilywedding.com/

How I Met Your Mother Wiki: http://how-i-met-your-mother.wikia.com/wiki/How_I_Met_Your_Mother_Wiki

Little Monk: www.usanetwork.com/series/littlemonk/

Lostpedia (DE): de.lostpedia. wikia .com/wiki

Lostpedia (EN): en.lostpedia. wikia .com/wiki

mediacommons: http://mediacommons. futureofthebook.org/imr/about

Pressemitteilung „iTunes Deutschland verkauft TV-Serien": http://www.heise.de /newsticker/meldung/iTunes-Deutschland-verkauft-TV-Serien-194808.html)

Pressemitteilung Nielsen: http://en-us.nielsen.com/main/news/news_releases/2007/may/Nielsen_Launches_Commercial_Minute_Ratings_in_Standardized_File

Quotencheck <<Lost>> (Staffel 1 & 2): http://www.quotenmeter.de/cms/?p1=n&p2=18886&p3=

Quotencheck <<Lost>> (Staffel 3): http://www.quotenmeter.de/cms/?p1=n&p2=25492&p3=

Quotencheck <<Lost>> (Staffel 4):
http://www.quotenmeter.de/cms/?p1=n&p2=34173&p3=

Scrubs Intern: http://abc.go.com/shows/scrubs/157146

Scrubs Wiki: http://scrubs.wikia.com/wiki/Main_Page

7.2.3. Bildquellen

Abb. 1: eigene Darstellung

Abb. 2: eigene Darstellung

Abb. 3: vgl. Reinecke 2007, 124

Abb. 4: eigene Darstellung

Abb. 5: Ausschnitte aus Fanvideo
http://mediacommons.futureofthebook.org/imr/2008/02/15/synchronizing-complexity

Abb. 6: selbst erstellter Ausschnitte aus vorliegendem Filmmaterial

Abb. 7: eigene Darstellung

Abb. 8: selbst erstellter Ausschnitte aus vorliegendem Filmmaterial

Abb. 9: selbst erstellter Ausschnitte aus vorliegendem Filmmaterial

Abb. 10: eigene Darstellung

Abb. 11: selbst erstellter Ausschnitte aus vorliegendem Filmmaterial

Abb. 12: selbst erstellte Zusammenstellung; Logo: http://de.lostpedia.wikia.com/wiki/Schwan

Abb. 13: selbst erstellter Ausschnitte aus vorliegendem Filmmaterial

Abb. 14: selbst erstellte Zusammenstellung; Logo:
http://de.lostpedia.wikia.com/wiki/Spiegel

Abb. 15: selbst erstellte Zusammenstellung

7.3. Filmographie

24
USA 2001-, ca. 42 Min.
FOX, 06.09.2001/ RTL2, 02.09.2003
R.: Jon Cassar, Brad Turner, Bryan Spicer et. al. B.: Robert Cochran, Joel Surnow, Howard Gordon et. al.

AIRPORT
USA 1970, 137 Min.
R.: George Seale, Henry Hathawy. B.: Arthur Hailey, George Seale. K.: Ernest Laszlo. S.: Stuart Gilmore. M.: Alfred Newman. D.: Burt Lancaster (Mel Bakersfield), Dean Martin (Captain Vernon Demerest), Jean Seberg (Tanya Livingston).

APOCALYPSE NOW – REDUX
USA 1976-79, 195 Min.
R.: Francis Ford Coppola. B.: John Milius, Francis Ford Coppola. K.: Storaro. S.: Lisa Fruchtman, Gerald B. Greenberg, Walter Murch. M.: Carmine Coppola, Francis Ford Coppola. D.: Martin Sheen (Capt. Willard), Marlon Brando (Colonel Walter E. Kurtz), Robert Duval (Lieutenant Colonel Bill Kilgore).

CITIZEN KANE
USA 1941, 119 Min.
R.: Orson Welles. B.: Herman J. Mankiewicz, Orson Welles. K.: Gregg Toland. M.: Bernard Herrmann. D.: Orson Welles (Charles Foster Kane), Joseph Cotton (Jedediah Leland), Dorothy Comingore (Susan Alexander Kane).

CSI: CRIME SCENE INVESTIGATION
USA 2000-, ca. 45 Min.
CBS, 06.10.2000/ VOX, 05.09.2001
R.: Kenneth Fink, Richard J. Lewis, Danny Cannon et. al. B.: Anthony E. Zuiker, Carol Mendelsohn, Naren Shankar et. al.

CSI: MIAMI
USA 2002-, ca. 45 Min.
CBS, 23.09.2002/ VOX, 12.01.2004
R.: Joe Chappalle, Scott Lautanen, Sam Hill et. al. B.: Ann Donahue, Carol Mendelsohn, Anthony E. Zuiker et. al.

CSI: NEW YORK
USA 2004-, ca. 45 Min.
CBS, 22.09.2004/ VOX, 29.08.2005
R.: Rob Bailey, Oz Scott, Norberto Barba et. al. B.: Ann Donahue, Carol Mendelsohn, Anthony E. Zuiker et. al.

DESPERATE HOUSEWIVES
USA 2004-, ca. 45 Min.
ABC, 03.10.2004/ Pro7, 12.04.2005

R.: Larry Shaw, David Grossman, David Warren et. al. B.: Marc Cherry, Alexandra Cunningham, Joey Murphy et. al.

DEXTER
USA 2006-, ca. 52 Min.
Showtime, 01.10.2006/ RTL2, 29.09.2008
R.: Michael Cuesta et. al. B.: Jeff Lindsay et. al.

EMERGENCY ROOM
USA 1994-2009, ca. 52 Min.
NBC, 19.09.1994/ Pro7, 30.10.1995
R.: Christopher Chulack, Jonathan Kaplan, Richard Thorpe et. al. B.: Michael Chrichton et. al.

FLASHFORWARD
USA 2009-, ca. 45 Min.
ABC, 24.09.2005
R.: Nick Gomez, David S. Goyer, Bobby Roth et. al. B.: Brannon Braga, David S. Goyer, Robert J. Sawyer et. al.

GREY'S ANATOMY
USA 2005-, ca. 45 Min.
ABC, 27.03.2005/ Pro7, 14.03.2006
R.: Rob Corn, Peter Horton, Jeffrey Melman et. al. B.: Shonda Rhimes et. al.

HARRY POTTER I-
USA 2001-
R.: Chris Columbus et. al. . B.: Steven Kloves, Joanne K. Rowling, Michael Goldenberg. K.: John Seale, Roger Pratt, Michael Seresin et. al.. M.: John Williams, Patrick Doyle, Nicholas Hooper. D.: Daniel Radcliff (Harry Potter), Rupert Grint (John Weasley), Emma Watson (Hermione Granger).

HEROES
USA 2006-, ca. 42 Min.
NBC, 25.09.2006/ RTL2, 10.10.2007
R.: Greg Beeman, Allan Arkush, Jeannot Szwarc et. al. B.: Tim Kring, Aron Eli Coleite, Joe Pokaski et. al.

HOUSE M. D.
USA 2004-, ca. 40 Min.
FOX, 16.09.2004/ RTL, 09.05.2006
R.: Deran Sarafian, Greg Yaitanes, David Straiton et. al. B.: David Shore, Lawrence Kaplow, Peter Blake et. al.

HOW I MET YOUR MOTHER
USA 2005-, ca. 25 Min.
CBS, 19.09.2005/ Pro7, 13.09.2008
R.: Pamela Fryman, Rob Greenberg. B.: Carter Bays, Craig Thomas, Chris Harris et. al.

LOST
USA 2004-, ca. 42 Min.

    1.01 „Pilot Part One"
    ABC, 22.09.2004/ Pro7, 04.04.2005
    R.: J. J. Abrams, B.: Jeffrey Lieber, J. J. Abrams, Damon Lindelof

    1.02 „Pilot Part Two"
    ABC, 29.09.2004/ Pro7, 04.04.2005
    R.: J. J. Abrams, B.: Jeffrey Lieber, J. J. Abrams, Damon Lindelof

    1.05 „White Rabbit"
    ABC, 20.10.2004/ Pro7, 25.04.2005
    R.: Kevin Hooks, B.: Christian Taylor

    1.08 „Confidence Man"
    ABC, 10.11.2004/ Pro7, 23.05.2005
    R.: Tucker Gates, B.: Damon Lindelof

    1.12 „Whatever the Case May Be"
    ABC, 05.01.2005/ Pro7, 20.06.2005
    R.: Jack Bender, B.: Damon Lindelof, Jennifer Johnson

    1.16 „Outlaws"
    ABC, 16.02.2005/ Pro7, 19.09.2005
    R.: Jack Bender, B.: Drew Godard

    1.18 „Numbers
    ABC, 02.03.2005/ Pro7, 10.10.2005
    R.: Daniel Attias, B.: David Fury, Brent Fletcher

    1.22 „Born to Run"
    ABC, 11.05.2005/ Pro7, 07.11.2005
    R.: Tucker Gates, B.: Edward Kitsis, Adam Horowitz

    1.23 „Exodus Part One"
    ABC, 18.05.2005/ Pro7, 14.11.2005
    R.: Jack Bender, B.: Damon Lindelof, Carlton Cuse

    1.24 „Exodus Part Two"
    ABC, 25.05.2005/ Pro7, 21.11.2005
    R.: Jack Bender, B.: Damon Lindelof, Carlton Cuse

    1.25 „Exodus Part Three"
    ABC, 25.05.2005/ Pro7, 21.11.2005
    R.: Jack Bender, B.: Damon Lindelof, Carlton Cuse

    2.01 „Man of Science, Man of Faith"
    ABC, 21.09.2005/ Pro7, 11.09.2006
    R.: Jack Bender, B.: Damon Lindelof

    2.03 „Orientation"
    ABC, 05.10.2005/ Pro7, 18.09.2006

R.: Jack Bender, B.: Javier Grillo-Marxuach, Craig Wright

2.06 „Abandoned"
ABC, 09.11.2005/ Pro7, 09.10.2006
R.: Adam Davidson, B.: Elizabeth Sarnoff

2.07 „The Other 48 Days"
ABC, 16.11.2005/ Pro7, 16.10.2006
R.: Eric Laneuville, B.: Damon Lindelof, Carlton Cuse

2.09 „What Kate Did"
ABC, 30.11.2005/ Pro7, 30.10.2006
R.: Paul Edwards, B.: Steven Maeda, Craig Wright

2.14 „One of Them"
ABC, 15.02.2006/ Pro7, 04.12.2006
R.: Stephen Williams, B.: Damon Lindelof, Carlton Cuse

2.22 „Three Minutes"
ABC, 17.05.2006/ Pro7, 05.02.2007
R.: Stephen Williams, B.: Edward Kitsis, Adam Horowitz

2.23 „Live Together – Die Alone Part One"
ABC, 24.05.2006/ Pro7, 12.02.2007
R.: Jack Bender, B.: Damon Lindelof, Carlton Cuse

2.24 „Live Together – Die Alone Part Two"
ABC, 24.05.2006/ Pro7, 19.02.2007
R.: Jack Bender, B.: Damon Lindelof, Carlton Cuse

3.01 „A Tale of Two Cities"
ABC, 05.10.2006/ Premiere, 23.03.2007/ Pro7, 15.10.2007
R.: Jack Bender, B.: Damon Lindelof, J. J. Abrams

3.08 „Flashes Before Your Eyes"
ABC, 14.02.2007/ Premiere, 27.04.2007/ Pro7, 03.12.2007
R.: Jack Bender, B.: Damon Lindelof, Drew Godard

3.19 „The Brig"
ABC, 02.05.2007/ Premiere, 13.07.2007/ Pro7, 28.01.2008
R.: Eric Laneuville, B.: Damon Lindelof, Carlton Cuse

3.22 „Through the Looking Glass Part One"
ABC, 23.05.2007/ Premiere, 03.08.2007/ Pro7, 11.02.2008
R.: Jack Bender, B.: Damon Lindelof, Carlton Cuse

3.23 „Through the Looking Glass Part Two"
ABC, 23.05.2007/ Premiere, 10.08.2007/ Pro7, 11.02.2008
R.: Jack Bender, B.: Damon Lindelof, Carlton Cuse

4.07 „Ji Yeon"
ABC, 13.03.2008/ Premiere, 27.07.2008/ Pro7, 23.02.2009
R.: Stephen Semel, B.: Edward Kitsis, Adam Horowitz

4.09 „The Shape of Things to Come"
ABC, 24.04.2008/ Premiere, 10.08.2008/ Pro7, 09.03.2009
R.: Jack Bender, B.: Brian K. Vaughn, Drew Goddard

4.12 „There's No Place Like Home Part One"
ABC, 15.05.2008/ Premiere, 31.08.2008/ Pro7, 30.03.2009
R.: Stephen Williams, B.: Damon Lindelof, Carlton Cuse

4.13 „There's No Place Like Home Part Two"
ABC, 29.05.2008/ Premiere, 07.09.2008/ Pro7, 06.04.2009
R.: Jack Bender, B.: Damon Lindelof, Carlton Cuse

4.14 „There's No Place Like Home Part Three"
ABC, 29.05.2008/ Premiere, 07.09.2008/ Pro7, 06.04.2009
R.: Jack Bender, B.: Damon Lindelof, Carlton Cuse

5.02 „The Lie"
ABC, 21.01.2009/ Fox, 16.04.2009
R.: Jack Bender, B.: Edward Kitsis, Adam Horowitz

5.06 „316"
ABC, 18.02.2009/ Fox, 14.05.2009
R.: Stephen Williams, B.: Damon Lindelof, Carlton Cuse

5.07 „The Life and Death of Jeremy Bentham"
ABC, 25.02.2009/ Fox, 21.05.2009
R.: Jack Bender, B.: Damon Lindelof, Carlton Cuse

5.08 „LaFleur"
ABC, 04.03.2009/ Fox, 28.05.2009
R.: Mark Goldman, B.: Elizabeth Sarnoff, Kyle Pennington

5.16 „The Incident Part One"
ABC, 13.05.2009/ Fox, 23.07.2009
R.: Jack Bender, B.: Damon Lindelof, Carlon Cuse

LOST: THE MISSING PIECES
USA 2007, insg. ca. 33 Min.

13 „So It Begins"
Verizin, 28.01.2008/ *abc.com*, 04.02.2008
R.: Jack Bender B.: Drew Goddard

MEMENTO
USA 2000, 113 Min.
R.: Christopher Nolan. B.: Christopher Nolan (nach einer Kurzgeschichte von Jonathan Nolan). K.: Wally Pfister. S.: Dody Dorn. M.: David Julyan. D.: Guy Pearce (Leonard Shelby), Joe Pantoliano (Teddy), Carrie-Anne Moss (Natalie).

MONK
USA 2002-, ca. 47 Min.
USA Network, 12.07.2002/ RTL, 29.06.2004
R.: Randall Zisk, Jerry Levine, Andre Belgrader et. al. B.: Andy Breckman, Hy Conrad, Tom Scharpling et. al.

PULP FICTION
USA 1994, 148 Min.
R.: Quentin Tarantino. B.: Quentin Tarantino, Roger Avary. K.: Andrzej Sekula. S.: Sally Menke. M.: Diverse. D.: John Travolta (Vincent Vega), Samuel L. Jackson (Jules Winnfield), Bruce Willis (Butch Coolidge).

RESERVOIR DOGS
USA 1992, 95 Min.
R.: Quentin Tarantino. B.: Quentin Tarantino. K.: Andrzej Sekula. S.: Sally Menke. M.: Diverse. D.: Harvey Keitel (Mr. White), Steve Buscemi (Mr. Pink), Michael Madsen (Mr. Blonde).

SCRUBS
USA 2001-, ca. 24 Min.
CBS, 02.10.2001/ Pro7, 02.09.2003
R.: Michael Spiller, Bill Lawrence, Adam Bernstein et. al. B.: Bill Lawrence, Janae Bakken, Deb Fordham et. al.

SUPERNATURAL
USA 2005-, ca. 45 Min.
The WB, 13.09.2005/ Pro7, 15.10.2007
R.: Kim Manners, Philip Sgriccia, Robert Singer et. al. B.: Eric Kripke, Sera Gamble, Ben Edlund et. al.

TWIN PEAKS
USA 1990-91, ca. 47 Min.
ABC, 08.04.1990/ RTL, 10.09.1991
R.: David Lynch, Leslie Linka Glatter, Caleb Deschanel et. al. B.: David Lynch, Mark Frost, Harley Peyton et. al.

THE X-FILES
USA 1993-2000, ca. 45 Min.
FOX, 10.09.1993/ Pro7, 05.09.1994
R.: Kim Manners, Rob Bowman, David Nutter et. al. B.: Chris Carter, Frank Spotnitz, Vince Gilligan et. al.

VERONICA MARS
USA 2004-07, ca. 45 Min.
UPN, 22.09.2004/ ZDF, 01.04.2006
R.: John T. Kretschmer, Nick Marck, Michael Fields et. al. B.: Rob Thomas, Dianne Ruggiero, John Enbom et. al.

WIZARD OF OZ
USA 1939, 98 Min.
R.: Victor Fleming. B.: Noel Langley, Florence Ryerson, Edgar Allen Woolf. K.: Harold Rosson. S.: Blanche Sewell. M.: Harold Arlen, Herbert Stothart. D.: Judy Garland (Dorothy Gale), Frank Morgan (Der Zauberer von Oz), Ray Bolger (Vogelscheuche).

Christine Piepiorka

LOST in Narration

Narrativ komplexe Serienformate
in einem transmedialen Umfeld

ISBN 978-3-8382-0181-8

186 S., Paperback, € 29,90

Erhältlich in jeder Buchhandlung
oder direkt bei

ibidem

Gegenwärtig findet sich eine Vielzahl von Fernsehserien, die scheinbar anders konzipiert sind als je zuvor und die als zukunftsweisend betrachtet werden können. Zuletzt wurde mit der Serie Lost (ABC 2004-2010) eine Weiterentwicklung seriellen Erzählens sehr deutlich erkennbar: Eine innovative Transformation des medialen komplexen seriellen Erzählens evoziert eine neue US-amerikanische Fernsehseriengeneration. Doch was macht den Unterschied zur konventionellen Form der Fernsehserie aus?

Ausgehend von diesen aktuellen Veränderungen, erfasst Christine Piepiorka in ihrer Studie systematisch die Neukonzeptualisierung seriellen Erzählens unter dem von Jason Mittell geprägten Begriff *Narrative Complexity* und diskutiert die Implikationen dieses Seriengenerationenwechsels als Paradigmenwechsel der Selbstinszenierung des Fernsehens und damit des (Selbst-)Verständnisses des Zuschauers.

Piepiorka arbeitet spezifische Charakteristika heraus – die besondere Bedeutung des visuellen Stils, einer paradoxalen Zeitstruktur, der vernetzen Handlungsebenen, der Selbstreferentialität und das einschneidende Merkmal der transmedialen Ausfaltung eines narrativen Universums über die Fernsehgrenzen hinweg. Ihr gelingt es damit überzeugend, eine Poetik der neuen televisuellen Erzählformen zu entwickeln.

Auch mit den Implikationen dieser narrativen Verschiebungen auf eine fällige Neukonzeptualisierung des Zuschauers setzt sich Piepiorka eingehend auseinander: Ein Zuschauerverhalten, das zu einer Aufhebung der binären Position Medientext und Konsument und zu einer Partizipationskultur führt, in der Zuschauer als Ko-Produzenten des transmedialen Medientextes rekonfiguriert werden. Sie verweist dabei exemplarisch auf die Serie Lost, die den Effekt der Auflösung traditioneller Erzählstrukturen und Zuschauerkonzepte mit der Metapher des Sich-Verlierens umreißt: Lost in Narration.

Die Autorin:

Christine Piepiorka, Jahrgang 1981, studierte Diplom-Medienökonomie an der Business and Information Technology School Iserlohn und der University of Sydney, Australien. Den Master in Medienwissenschaft erlangte sie an der Ruhr-Universität Bochum (RUB). Ihre Forschungsschwerpunkte liegen in den Bereichen Fernsehwissenschaft, Narratologie, Transmedialitätstheorien, Medienökomomie. Derzeit forscht sie im Rahmen ihrer Dissertation an einer Transformation der Produktivität und Konsumtivität von Fernsehserien in einem transmedialen Medienumfeld und arbeitet als Lehrbeauftragte am Institut für Medienwissenschaft an der RUB.

Erschienen in der Reihe *Film- und Medienwissenschaft*, herausgegeben von Irmbert Schenk und Hans Jürgen Wulff.

ibidem-Verlag • Melchiorstr. 15 • 70439 Stuttgart • Tel.: 0711/9807954 • Fax: 0711/8001889
ibidem@ibidem-verlag.de

FILM- UND MEDIENWISSENSCHAFT

Herausgegeben von Irmbert Schenk und Hans Jürgen Wulff

ISSN 1866-3397

1   *Oliver Schmidt*
    Leben in gestörten Welten
    Der filmische Raum in David Lynchs *Eraserhead*, *Blue Velvet*, *Lost Highway* und *Inland Empire*
    ISBN 978-3-89821-806-1

2   *Indra Runge*
    Zeit im Rückwärtsschritt
    Über das Stilmittel der chronologischen Inversion in *Memento*, *Irréversible* und *5 x 2*
    ISBN 978-3-89821-840-5

3   *Alina Singer*
    Wer bin ich? Personale Identität im Film
    Eine philosophische Betrachtung von *Face/Off*, *Memento* und *Fight Club*
    ISBN 978-3-89821-866-5

4   *Florian Scheibe*
    Die Filme von Jean Vigo
    Sphären des Spiels und des Spielerischen
    ISBN 978-3-89821-916-7

5   *Anna Praßler*
    Narration im neueren Hollywoodfilm
    Die Entwürfe des Körperlichen, Räumlichen und Zeitlichen in *Magnolia*, *21 Grams* und *Solaris*
    ISBN 978-3-89821-943-3

6   *Evelyn Echle*
    Danse Macabre im Kino
    Die Figur des personifizierten Todes als filmische Allegorie
    ISBN 978-3-89821-939-6

7   *Miriam Grossmann*
    Soziale Figurationen und Selbstentwürfe
    Schauspieler und Figureninszenierung in Eric Rohmers *Pauline am Strand*, *Vollmondnächte* und *Das grüne Leuchten*
    ISBN 978-3-89821-944-0

8   *Peter Klimczak*
    40 Jahre ‚Planet der Affen'
    Zeitgeist- und Reihenkompatibilität – über Erfolg und Misserfolg von Adaptionen
    ISBN 978-3-89821-977-8

9   *Ingo Lehmann*
    Ziellose Bewegungen und mediale Selbstauflösung
    Das absurde «Genrefilm-Theater» Monte Hellmans
    ISBN 978-3-89821-917-4

10 *Gerd Naumann*
    Der Filmkomponist Peter Thomas
    Von Edgar Wallace und Jerry Cotton zur Raumpatrouille Orion
    ISBN 978-3-8382-0003-3

11 *Anja-Magali Bitter*
    Die Inszenierung des Realen
    Entwicklung und Perzeption des neueren französischen Dokumentarfilms
    ISBN 978-3-8382-0066-8

12 *Martin Hennig*
    Warum die Welt Superman nicht braucht
    Die Konzeption des Superhelden und ihre Funktion für den Gesellschaftsentwurf in US-amerikanischen Filmproduktionen
    ISBN 978-3-8382-0046-0

13 *Esther Lulaj*
    Nimm (nicht) ab!
    Zur Funktion des Telefons im Spielfilm – Von Metropolis bis Matrix
    ISBN 978-3-8382-0125-2

14 *Boris Rozanski*
    Das ungleiche Liebespaar in der 'Screwball Comedy'
    Paarbildung und Selbstfindung von Frank Capras *It Happened One Night* bis zu Jonathan Demmes *Something Wild*
    ISBN 978-3-8382-0145-0

15 *Carolin Lano*
    Die Inszenierung des Verdachts
    Überlegungen zu den Funktionen von TV-mockumentaries
    ISBN 978-3-8382-0214-3

16 *Christine Piepiorka*
    Lost in Narration
    Narrativ komplexe Serienformate in einem transmedialen Umfeld
    ISBN 978-3-8382-0181-8

17 *Daniela Olek*
    Lost und die Zukunft des Fernsehens
    Die Veränderung des seriellen Erzählens im Zeitalter von *Media Convergence*
    ISBN 978-3-8382-0174-0

In Vorbereitung:

Tobias Sunderdiek
"The Wonderful Wizard of Oz" – Verfilmungen eines Kinderbuchklassikers
ISBN 978-3-89821-960-0

Florian Plumeyer
Sadismus und Ästhetisierung
Folter als kultureller und filmischer Exzess im Gegenwartskino
ISBN 978-3-8382-0188-7

Eleonóra Szemerey
Über die Vermittlung von Hoffnung und Hoffnungslosigkeit in Aki Kaurismäkis Verlierer-Filmen
ISBN 978-3-8382-0222-8

Abonnement

Hiermit abonniere ich die Reihe **Film- und Medienwissenschaft (ISSN 1866-3397)**, herausgegeben von Irmbert Schenk und Hans Jürgen Wulff,

❏ ab Band # 1
❏ ab Band # ___
    ❏ Außerdem bestelle ich folgende der bereits erschienenen Bände:
    #___, ___, ___, ___, ___, ___, ___, ___, ___, ___, ___, ___

❏ ab der nächsten Neuerscheinung
    ❏ Außerdem bestelle ich folgende der bereits erschienenen Bände:
    #___, ___, ___, ___, ___, ___, ___, ___, ___, ___, ___, ___

❏ 1 Ausgabe pro Band   ODER   ❏ ___ Ausgaben pro Band

Bitte senden Sie meine Bücher zur versandkostenfreien Lieferung innerhalb Deutschlands an folgende Anschrift:

Vorname, Name: _____

Straße, Hausnr.: _____

PLZ, Ort: _____

Tel. (für Rückfragen): _____ *Datum, Unterschrift:* _____

Zahlungsart

❏ *ich möchte per Rechnung zahlen*

❏ *ich möchte per Lastschrift zahlen*

bei Zahlung per Lastschrift bitte ausfüllen:

Kontoinhaber: _____

Kreditinstitut: _____

Kontonummer: _____ Bankleitzahl: _____

Hiermit ermächtige ich jederzeit widerruflich den *ibidem*-Verlag, die fälligen Zahlungen für mein Abonnement der Reihe **Film- und Medienwissenschaft** von meinem oben genannten Konto per Lastschrift abzubuchen.

Datum, Unterschrift: _____

Abonnementformular entweder **per Fax** senden an: **0511 / 262 2201** oder 0711 / 800 1889 oder als **Brief** an: *ibidem*-Verlag, Julius-Leber Weg 11, 30457 Hannover oder als e-mail an: ibidem@ibidem-verlag.de

***ibidem*-**Verlag

Melchiorstr. 15

D-70439 Stuttgart

info@ibidem-verlag.de

www.ibidem-verlag.de
www.ibidem.eu
www.edition-noema.de
www.autorenbetreuung.de

www.ingramcontent.com/pod-product-compliance
Lightning Source LLC
Chambersburg PA
CBHW070739230426
43669CB00014B/2510